文学里的
日月山川

周益民——主编　沈海燕——编著

上海译文出版社

图书在版编目(CIP)数据

文学里的日月山川 / 周益民主编；沈海燕编著.
上海：上海译文出版社，2025.1. --（文学里的大自然
）. -- ISBN 978-7-5327-9709-7

Ⅰ. N49
中国国家版本馆 CIP 数据核字第 2024TN3671 号

文学里的日月山川

周益民　主编　沈海燕　编著
责任编辑 / 王宇晴　特邀策划 / 庄雨蒙　装帧设计 / 赵十七
封面设计 / 王　雪　封面插画 / 林乃舟

上海译文出版社有限公司出版、发行
网址：www.yiwen.com.cn
201101　上海市闵行区号景路 159 弄 B 座
上海中华印刷有限公司印刷

开本 720×1000　1/16　印张 8.25　字数 85,000
2025 年 1 月第 1 版　2025 年 1 月第 1 次印刷
印数：0,001—5,000 册

ISBN 978-7-5327-9709-7
定价：39.80 元

本书中文简体字专有出版权归本社独家所有，非经本社同意不得连载、摘编或复制
如有质量问题，请与承印厂质量科联系。T：021-62662100

大自然是本无字书

苏联有个著名的教育家，叫苏霍姆林斯基。他喜欢把孩子们带到野外，带到生活中，让孩子们享受纯粹自然的美妙天籁，感受火热生活的真挚热情。他把这称之为"蓝天下的课堂"。我国著名教育家陈鹤琴先生也说："大自然大社会是一本无字的书、活的书，是我们的活教材、活教师。"这其实也是中国古人的理想生活。孔子的弟子曾点说："莫春者，春服既成，冠者五六人，童子六七人，浴乎沂，风乎舞雩，咏而归。"在沂水沐浴后，在舞雩台上吹吹风，唱着歌儿回家——这就是他向往的生活。

蓝天下的课堂，大自然的无字书，多么辽阔，多么丰富，多么美好。

步入大自然，我们会与草木芳菲结缘，同鸟兽虫鱼相遇，跟日月山川对话。我们与万物相连，感受生命的奇妙与蓬勃，生发对世界的敬畏与热爱。在这样的课堂里，我们经历的是一段心身合一的旅程，心儿为之怦然跳动。

步入蓝天下的课堂，就是回归精神世界的诞生地。杜威曾说过，教育即生活，只有使儿童返回到切合他们天性的生活中去，才会为儿童建造"教育上的天国"。当我们走出狭小封闭的空间，投入大自然的怀抱，打开天地的画卷，这是更为活泼的教材，我们的内心因之获得滋养，获得壮大。

步入蓝天下的课堂，更是我们作为一个完整的、整体的人的存在，张扬、充盈着儿童少年旺盛、活泼的生命力量。我们在与周围世界的互动与统一中，主动又尽情地抒发着自己的智慧，关怀、责任、担当、继承、创造……这些品质悄然植入心田。

此刻，摆在我们面前的这套"文学里的大自然"丛书，正是对这种感悟的书写。作家们用准确、细腻、美好的文字，记录、描绘了他们对大自然无字书的阅读体验。这套丛书由《文学里的草木芳菲》《文学里的鸟兽虫鱼》《文学里的日月山川》三册组成，选编者都是经验丰富的老师。老师们从大量中外文学作品中精选篇章，翻开书，大家会看到一个个闪光的名字，鲁迅、朱自清、叶圣陶、冰心、萧红、丰子恺、许地山、周瘦鹃、汪曾祺、宗璞……还有国外的泰戈尔、比安基、普里什文、梭罗、黑塞……他们的文字中，有对自然生灵的深情，亦有由此生发的深思。这些文字曾经带给万千读者感动，相信也会给我们带来共鸣与启迪。作家们对自然的精微体察、与自然的互动方式，以及用文字准确、形象表达内心情思的艺术，都会让我们愉悦、沉醉，带给我们文学之美的享受。

为了帮助少儿读者领会作品的要义，发挥阅读的更优功能，老师们用心撰写了助读文字，或引导潜心会文，或启发细察自然，力求在读者、作品、自然三者之间架起一座桥梁。

动人的篇章与文字，丰富的蓝天下的课堂，怎不叫人跃跃欲试？丛书每一分册的最后均设计有"自然笔记"栏目，鼓励读者阅读大自然的无字书，并提供了可行的方法建议。如此，我们也可以用文字记录和描绘眼中、心里的自然万物。

这个世界如此充满希望和生气，让我们每日兴致勃勃地投入阅读、观察、感受和书写吧。蓝天下的课堂，属于我们每一个人。大自然的无字书，等待着我们去阅读。

周益民

2024年11月7日

目　录

☆ 自然山水间

湖　/ 003
双瀑记　/ 006
黄山记　/ 009
宁静的大自然　/ 011
日记一则：六月十四日　/ 013
冰山与极地　/ 016
冰山奇观　/ 020

☆ 看日出日落

泰山日出　/ 025
海上日出　/ 028
珠江落日　/ 030
暮蔼　/ 033
江行的晨暮　/ 036
春日　/ 038
太阳的女儿　/ 040
冬日情怀　/ 042

☆ 雨雪写春秋

第一滴水　/ 047
山雨　/ 049
下大雨　/ 052
星星般的初雪　/ 054
雪夜　/ 056
雪　/ 059
太阳和彩虹为什么不会在一起?　/ 062
为什么彩虹总是出现在雨后呢?　/ 064

风云悸动后

春天最初是闻到的 / 069
春风 / 072
观风 / 075
这么小的风 / 078
寒风吹彻 / 081
黎明 / 084
美洲之夜 / 086
云是一棵树 / 089
严冬 / 093

寻美觅风景

星星 / 099
半圆月 / 101
谁见过风 / 103
贪吃的月光 / 105
雾 / 107
观沧海 / 109
答谢中书书 / 111
水经注·三峡 / 113
小石城山记 / 115

你写过自然笔记吗？

自然笔记一："定点型"自然观察 / 118
自然笔记二："对比型"自然观察 / 121

自然山水间

大自然是崇高、卓越而美的。它煞费心机，创造世界。

——徐迟

导 读

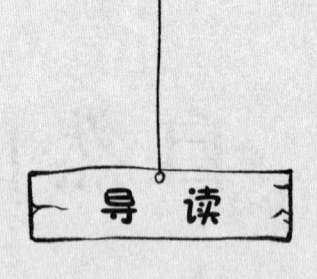

　　大自然用它的鬼斧神工，为我们创造许多奇特的景观。黄山的山石云松，瑰丽奇幻；瓦尔登湖的水清澈透明；极地风光神奇、不可思议。我们置身其中，感觉无比美妙。

　　这组文章，有的将探索的边界伸向极地的磁与电，有的立足于仔细观察山泉深处，欣赏瀑布飞流而下的奇观，也有的将视角投射在山间寻常的一花一草。作者在行文中写下观察所见，提出观察时产生的疑问，笔下漫射出观察时产生的哲思。

　　作者用心、用情与自然沟通，只有听懂它的心跳的人，才能与自然交流。来吧！让我们随着这些文字，走进大自然去感知自然的神秘吧！

湖[1]

[美]亨利·戴维·梭罗　潘庆舲　译

瓦尔登湖的风景只好算粗线条，尽管很美，还是说不上壮观；不经常光临或者不在湖边居住的人，对它也不是特别关注；然而，瓦尔登湖以它的深邃纯净著称于世，值得对它详尽描述一番。原来它是一口清澈而黛绿的井，半英里[2]长，周长一又四分之三英里，面积约有六十一英亩[3]半；松树和橡树林中央，有一股终年井喷的泉水，除了云雾和蒸发以外，压根儿看不到它的入水口和出水口。周围的山峦陡然耸立，高出水面四十到八十英尺，在东南角高达一百英尺，在东端更是高达一百五十英尺，绵延大约四分之一英里或者三分之一英里。它们清一色都是林地。我们康科德境内的水域，至少具有两种颜色，一种打老远就望得见，而另一种更接近本色，在近处才看得出。第一种更多取决于光线，随着天色而变化。

---

[1] 选自《瓦尔登湖》，梭罗著，潘庆舲译，上海译文出版社，2015年版。
[2] 英里是英制长度单位，1英里＝1609.344米。
[3] 英亩是英制面积单位，1英亩＝4046.8648平方米。

在天气晴朗的夏天，从不远处看去，湖面呈现蔚蓝色，特别在水波荡漾的时候，而从很远的地方望过去，全是水天一色。赶上暴风雨的天气，水面有的时候呈现深石板色。不过，据说海水在大气层中看不出有什么变化的情况下，却是今天蓝，明天绿。白雪皑皑时，我看到过我们这儿河里，水和冰几乎都是草绿色。有人认为蓝色是"纯净水的颜色，不管它是流动的水，还是凝固的冰"。反正直接从小船上看湖面，倒是看得出非常不一样的颜色。瓦尔登湖一会儿蓝，一会儿绿，哪怕是从同一个视角看过去。瓦尔登湖位于天地之间，自然兼具天地之色。从一个山顶上望过去，它映现出蓝天的色彩，而从连岸边的沙子你都看得到的近处看，它却呈现出先是淡黄色，继而淡绿色，同时逐渐加深，终于变成了全湖一致的黛绿色。在有些时候的光线下，哪怕是从山顶上往下俯瞰，毗邻湖岸的水色也是鲜灵灵的绿色。有人认为，这是草木青葱反照的缘故，但在铁路道轨沙坝的映衬下，湖面依然是绿幽幽的；待到春天还没有叶茂成荫，这时湖光山色也不外乎是天上的湛蓝色与沙土的黄褐色掺在一起的结果，堪称瓦尔登湖彩虹般的色彩。入春以后，湖上冰层因受从湖底折射上来的、又透过土层传来的太阳热量而变暖，于是首先被融化，在中间仍然冻结的冰凌周围，形成了一条狭窄的小河。正如我们的其他水域一样，每当天色晴朗、水波激滟之时，水波表面会从合适的角度映出蓝色的天空，或者由于糅合了更多亮光，如果稍微远点望过去，湖面仿佛呈现比天空本身更深的湛蓝色；此时此刻，泛舟湖上，从各个不同的视角观看水中倒影，我发现了一种无与伦比的不可名状的淡蓝色，有如浸过水的或者闪闪发光的丝绸和利剑青锋,却比天空本身更具天蓝色,它与水波另一面原有的黛绿色交替闪现,只不过后者相对来说显得有点儿浑浊罢了。那是一种类似玻璃的绿里泛蓝的色彩,跟我的记忆里一样,有如冬日夕阳西沉时从云层里呈现出一片片蓝天。反正举起一玻璃杯水,往亮处看,它里头好像装着空气,一样没有颜色。众所周知,一只大玻璃盘子是略带一点绿色,据制造玻璃厂商说,是由于玻璃"体厚"的缘故,但同样都是玻璃,块儿小的就没有颜色了。至于瓦尔登湖该有多少水量,才会泛出绿色,我倒是从来没有验证过。人们直接俯视我们河水,河水是乌黑的或者深棕色,而且如同大多数湖里的水一样,会给洗湖浴的人蹭上一丁点儿淡黄色;但是瓦尔登湖水却是如此纯净赛过水晶,使洗湖浴的人躯体洁白有如大理石一般,而且怪得出奇的是,此人的四肢给放大了,同时也给扭曲了,产生了一种骇人的效果,值得米开朗琪罗好好研究哩。

助读交流

1. 梭罗笔下的瓦尔登湖,仿佛是一个百变精灵。请圈出写湖水颜色的词语,说说是在什么情况下,湖水会产生这种颜色。

2. 说说从哪些地方可以看出作者的观察非常仔细。

双瀑记[1]

肖复兴

嘹亮得如同法国圆号、从悠悠的云层中跌落在你面前的，花开一般绽放出层层的涟漪、飘逸而落湿润在你面前的，就是德天瀑布。它的后面便是越南的土地，它的右边还有一条板约瀑布，也属于越南了。

夏季，德天瀑布和板约瀑布会连在一起，是一道最为奇特的景观。它们浩浩荡荡地飞奔而下，像是凭空而降的一支巨大的排箫，千孔万孔地喷涌出冲天的水柱，奏响轰天的交响，在四周千山万壑间响彻激越的回音，一派天籁，无限风情。它们你追我赶地、义无反顾地投奔在烈阳蓝天之下，迸碎出万千朵如雪的浪花，腾跃起氤氲如梦的雾岚。

山和山是永远不可能走到一起，但水哪怕隔开得再遥远，却是可能会走到一起的。眼前的德天瀑布和板约瀑布不就是这样

---

[1] 选自《那片绿绿的爬山虎》，肖复兴著，作家出版社，2018年版。

吗？在冬天枯水季节，它们会分离，但是在夏天到来的时候，就迫不及待地又走到一起来了。所以，说它们是跨国瀑布（除了尼亚加拉大瀑布，它们是世界第二跨国瀑布）当然可以，说它们像是一对情人瀑布，不也分外恰当吗？

它们飞奔而下流淌进脚下的深潭里，然后顺着山势流成一条蜿蜒的归春河。阳光下，那一泓潭水碧绿如同一块凝结的祖母绿宝石，娴静得和头顶龙吟虎啸的瀑布呈鲜明的对比，仿佛是一对情人瀑布生出的一个和它们性格截然不同的孩子。

看了德天瀑布，一定要再看看沙屯叠瀑。两处相隔不远，一条归春河紧紧连接着它们。

层层叠叠，借山势将一道瀑布分割成七叠，便把一道水晶帘幕般的瀑布抖落成了新的模样，仿佛把一匹绸缎重新织成了一道七天云锦。呈阶梯状的瀑布，减缓了飞流直下的气壮山河，却多了节奏舒缓的绕指柔肠，犹如一位清秀的新娘拖着曳地的洁白长纱裙，响着带水声湿润的琵琶音，顺着楼梯一阶阶款款走了下来，将身后的裙裾化作了沙屯叠瀑飞珠跳玉的奇观。两岸群峰竞秀，仿佛是无数艳羡而又无可奈何的失落者，只能够眼瞅着这位仙女一般神奇可爱的新娘花落旁家，远走他乡，一路叮咚响着快乐，迤逦而去。

雨过天晴时，沙屯叠瀑是另一幅奇观。山泉深处水涨情溢，两岸山峰含泪带啼，还有那山上的老树古藤，山间的云雾山岚，大自然搭起如此神奇的舞台，让一道七叠瀑布在这样的背景中蜿蜒次第而出。宛如一条轻歌曼舞的青纱白练，穿云破雾而来，仿佛从天而降的下凡仙女，飘荡万绿丛中，一下子会让这里的风景显得儿女情长起来。

同为这一方山水里的瀑布，如果说德天瀑布充满阳刚之气，这里的七叠彩瀑则显得美人缥缈，一枝梨花春带雨。德天瀑布吹奏着的是一支铜管乐，沙屯叠瀑演奏的是一首抒情诗。

它们在广西边陲，离南宁一百四十公里，远是远些，但值得一看。如果想到不多年前这里还曾经布满地雷，战争的影子笼罩在这里；如果再凑巧能买到一顶当年的绿色钢盔，不要那种仿制的，要带有伤痕或弹洞的，眼前这两道瀑布便泅染上了别样的色彩。

> **助读交流**
>
> 1. 一条瀑布，就足够触目惊心，作者是怎么写双瀑融汇的？关注文中相关的句子，再检索视频看一看，体会作者笔下的壮观。
>
> 2. 同为一方山水里的瀑布，德天瀑布和沙屯叠瀑给人的感受是一样的吗？借助下面的句子，说说你的理解。
>
> 如果说德天瀑布充满阳刚之气，这里的七叠彩瀑则显得美人缥缈，一枝梨花春带雨。德天瀑布吹奏着的是一支铜管乐，沙屯叠瀑演奏的是一首抒情诗。

黄山记①

徐 迟

大自然是崇高、卓越而美的。它煞费心机,创造世界。它创造了人间,还安排了一处胜境。它选中皖南山区。它是大手笔,用火山喷发的手法,迅速地,在周围一百二十公里,面积千余平方千米的一个浑圆的区域里,分布了这么多花岗岩的山峰。它巧妙地搭配了其中三十六大峰和三十六小峰。高峰下临深谷,幽潭傍依天柱。这些朱砂的、丹红的、紫霭色的群峰,前拥后簇,高矮参差。三个主峰,高风峻骨,鼎足而立,撑起青天。

这样布置后,它打开了它的云库,拨给这区域的,有倏来倏去的云,扑朔迷离的雾,绮丽多彩的霞光,雪浪滚滚的云海。云海五座,如五大洋,汹涌澎湃。被雪浪拍击的山峰,或被吞没,或露顶巅,沉浮其中。然后,大自然又毫不悭吝地赐予几千种植物。它处处散下

---

① 选自《徐迟文集(第四卷):游记》,徐迟著,作家出版社,2014年版。选文有删减。

了天女花和高山杜鹃。它还特意委托风神带来名贵的松树树种，播在险要处。黄山松铁骨冰肌；异萝松天下罕见。这样，大自然把紫红的峰，雪浪云的海，虚无缥缈的雾，苍翠的松，拿过来组成了无穷尽的幻异的景。云海上下，有三十六源，二十四溪，十六泉，还有八潭，四瀑。一道温泉，能治百病。各种走兽之外，又有各种飞禽。神奇的音乐鸟能唱出八个乐音。稀世的灵芝草，有珊瑚似的肉芝。作为最高的奖励，它格外赏赐了只属于幸福的少数人的、极罕见的摄身光。这种光最神奇不过。它有彩色光晕如镜框，中间一明镜可显见人形。三个人并立峰上，各自从峰前摄身光中看见自己的面容身影。

这样，大自然布置完毕，显然满意了，因此它在自己的这件艺术品上，最后三下两下，将那些可以让人从人间步入胜境去的通道全部切断，处处悬崖绝壁，无可托足。它不肯随便把胜境给予人类。它封了山。

助读交流

1. 黄山有很多奇观，云，就是其中一种，这篇文章中，你看到了哪些云？

2. 跟你生活中看到的云作个对比，想想黄山的云为什么会被称为奇观呢？

宁静的大自然[1]

[英]梅布尔·奥斯古德·赖特　　余霞　唐跃勤　译

小阳春到春分这段时间，辽阔的天空之下美不胜收。昴宿星座的姐妹们用丝绸舞引领着银河系，毕宿五[2]领头的金牛座跟随着猎户座，猎户座作为守夜人，带着他的腰带和棍子，穿着参宿四作为肩章。猎户座之下，大犬星座向后小跑着，拿着灯笼，把小天狼星夹在下颚处，跑向东方的双子座，双子座是一对行走在银河中的微笑的双胞胎。在北方的天空中，有尾巴的大熊星座直指北极星，西南面牧夫星座领着他的猎犬亚狄里安和查拉，驾驭着巨大的星群，用他的长矛北冕星座去触摸酒神巴克斯献给阿里阿德涅的王冠。

群星之下，整个世界似乎是封闭的，轮廓清晰，似乎是非物质的。清澈冰冷的天空很久以前曾是众神的领地。大地再次苏醒，

---

[1] 选自《自然之友：新英格兰鸟类和花卉的故事》，梅布尔·奥斯古德·赖特著，余霞、唐跃勤译，四川人民出版社，2021年版。
[2] 毕宿五是金牛座中最亮的恒星。

轻轻地呼吸着，朦胧的雾霾笼罩着冬日的清澈，山林和畜牧神潘从梦中醒来，拿起了烟斗放到唇边，烟斗被雪堵住了，噼啪作响，这是沼泽的第一缕曙光。在这声响中，天空再次走近地球，成为地球的一部分。

走进三月的夜晚，狂风粗野地拍打着百叶窗。花园里有小块雪地，南边的篱笆下面有雪堆。金银花的叶子依然沙沙作响，似乎在讲述着它们在冬天幸免于从橡树和山毛榉身上落下的冰雹。柔嫩的花蕾初生，它们排除万难，奋力生长。枯萎的树叶簌簌落下，好似死亡的桎梏在永生之前坠落。

助读交流

1. 小阳春到春分这段时间，天上繁星点点，作者选取了哪些星座来描写？请找出文中的星座，再查找资料，试着画一画。

2. 你能搜集一个关于星座的故事，讲述给小伙伴听吗？

日记一则：六月十四日[①]

[美]约翰·缪尔　　邱婷婷　译

　　附近的瀑布和瀑布下面的小水潭，都是向下奔流的水流的产物，它们不仅清澈透底，里面连一丝岩屑都没有。水流中携带的重一些的物质，都被甩出瀑布，堆积到水潭前面形成了一个水坝，再加上天然的侵蚀，水潭的面积就越来越大。在春季的洪水时期，也会有突发的状况影响这里的地质状况，因为上游融化的雪水会咆哮着冲下来，水坝就会被堆成小丘。那些掉进水道的卵石，在夏季和冬季平静的水流中无法被移动，这时就像被扫帚扫过一样，从瀑布上掉入水池，与原有的堤坝一起构成了一个新的堤坝。另外一些稍小的卵石则被冲到更下游，因形状大小不同而分布在各处，停留在水流的冲力小于自身阻力的地方。但对这个瀑布、水潭和堤坝构成的链锁影响最大的并不是普通的春季洪水，而是不

[①] 选自《夏日走过山间》，约翰·缪尔著，邱婷婷译，上海译文出版社，2014年版。

定期发生的大洪流。这种洪流可以将一切能移动的物体冲走、在水流中跳跃起舞，开始一段神奇的旅程。洪流冲击留下的卵石滩上的树木可以证实上一次大洪流的时间已经过去至少一个世纪了。这种大洪流有可能在夏季发生，因为夏天有突发的大暴雨。这种大暴雨覆盖范围很广，无数小溪流汇聚到水势迅涨的主流中，冲刷过陡峭的溪道，形成具有巨大搬运能力的洪流，但其生命却很短暂。

一块被一场古老的洪流冲来的大卵石稳稳地站在溪流中间，在距离我们营地最近的瀑布水池的下缘。这是一块近似立方体的花岗岩，约有八英尺高，顶部和侧面最高水位以上都覆盖着长绒般的苔藓。今天我爬到它的顶上，这似乎是我能找到的最浪漫的躺着晒太阳的地方。这块覆盖着青苔的大石稳固坚定地矗立在瀑布面前，就像一个圣坛，沐浴在瀑布细微的水雾里，刚好让苔藓保持鲜绿。石头下面的绿色水潭清可见底，水滴溅起丰富的泡沫。包围了水潭半圈的百合像一群仰慕者一样向前倾斜着，开花的山茱萸和桤木形成拱形的穹顶，筛子般透过一缕缕阳光。在这片清透的绿叶天花板下是多么让心灵抚慰的凉爽啊，这水的交响曲又是多么的动听啊：瀑布水流的低音，飞溅的水流拍打出的叮叮声，还有水流经过鹅卵石小岛拍打发出的不同音调的碎杂低音，还有经过长满蕨类植物的溪流时发出的更细微的声响。这些全都发生在这个空间里，这些细小的音素互相作用融合，就像发生在一个安静的小房间里。这里就像一个圣地，让人觉得亲近。

天黑之后，营地里大家都休息了，我摸索着回到这块圣坛石上，度过漫漫长夜。水流在下，树叶和星辰在上，一切比白天的时候更打动人心。瀑布白得仿佛在发光，庄重而热烈地吟唱着大自然的老情歌。星光透过叶幕照射进来，仿佛是想加入瀑布的和声。这珍贵的日与夜啊，注定将在我心中永存。感谢赐予我这不朽的礼物。

助读交流

1. 从上游流下来的水因其中的物质重量不同，而被瀑布筛选，瀑布是怎么处理这些物质的？请根据第一段的内容梳理。

物质	处理方式
水流中携带的重一些的物质	
掉进水道的卵石	
稍小的卵石	
……	

2. "一块被一场古老的洪流冲来的大卵石稳稳地站在溪流中间"，这块大卵石周围的风景是怎样的？请找出相关句子读一读。

冰山与极地[1]

[法]儒勒·米什莱　徐知免　译

地球的两颗灵魂——磁和电，每个夜晚都在荒凉的极地聚会欢庆。北极光便是极地特殊的安慰。

大气流、海水潮流则是运载工具。两股海洋热流从爪哇和古巴往北方行进，冷却并冻结，然后又融化，不断回到心脏，而心脏借助磁流和电流，再使热流从赤道涌向北极。磁电作用和暴风雨是相关联的。到了夏季，极地开化，北方的潮流回到我们这里，给大地降温。这时，磁元素似乎迎头冲向电中心，从而引发狂风暴雨，尤其在这中心附近，电闪雷鸣，极为可怕，令人魂飞魄散。

极地恰恰相反，几乎从来听不见雷鸣。在冬季这种深夜里，仿佛一切都昏睡了。然而，天空异象，孕育着更多的暴风雪！几乎每天晚上将近十点钟，天空猛烈炸开，突然照亮大地、积雪和冰川。

---

[1] 选自《大自然的灵魂》，儒勒·米什莱著，徐知免译，新星出版社，2015年版。选文有删减。

大气中充满了冰粒子，冰粒子鲜明的棱角击碎空间，反射着颤动的光线。

这种神秘的现象，直到1838年才得以近距离观察。一方面是布喇菲①先生，而他的几位合作者则在另一点上，跟随着他，一分钟一分钟地记录，然后再比较，总结他们的观察。在这种极其严酷的天空下，他们坚持了十三个夜晚（一月九日至二十二日）。

首先升起一道黑幕，紫雾还相当透明，能够望见星光。紫雾上方有微弱的火光，微光很快就明亮了，出现一道巨大的弧形，非常明亮，双脚踏在昏暗的地平线上。

弧形缓缓升起，越来越明亮。从布喇菲的观察和计算中可以判断，那弧形能升到大气层的极限，高度超过二十五古里②，也许有五十古里。异乎寻常的高度，到了流星、火流星变得明亮耀眼而且白热化的区域。

无比壮观，可以说，整个大地都投入进来，既是观赏者又是演员。在前一天，或者数小时之前，大地已有先兆，用磁针到处都测得出来。在整个北极圈，磁针剧烈摆动，甚至从一极指向另一极。这种现象出现在南极，一直到我们北极，这就是给我们的警示。

淡黄色宏伟壮丽的弧形，平静地上升，只见它突然剧烈地动荡起来，化为两道、三道，往往能见到化出九道弧。那些弧形起伏波动，光的浪潮来回流动，犹如一面金旗翻卷飘扬，往返驰骋。

---

① 布喇菲又译奥古斯特·布拉菲，法国物理学家。
② 古里是一种长度单位，在法国，1古里约为4千米。

仅仅如此吗？那景象越来越活跃，长长的光柱、射流、形如标枪的光束，那么迅疾、锐不可当，从黄色变成紫色，从红色变绿宝石色。

它们在嬉戏？还是在搏斗呢？我们的老航海员，头一批看到那种景象的人，还以为那是一场舞会。但是，对一个目光敏锐的人，对一个心灵更加关注大自然情绪的人，那完全是一场悲剧。他们不会看错，那是被囚禁的灵魂在抖瑟，在深深地悸动。继而，轮番上场，呼喊、激烈的回答、同意、不同意、挑战、搏斗。有胜利，也有衰竭。有时还动了感情，就像海的女儿，水母，浑身闪闪发光，她那盏灯忽而火红，忽而微弱，忽而黯淡。

一个特别激动的见证者——磁针，似乎积极参加了这场演出。磁针以其摆动，显然在联系、关注一切，表现这场戏的各个阶段，冲突，起伏跌宕。磁针仿佛紊乱了，惊慌失措，"发疯了"（这是海员使用的字眼）。

不过，谁目睹这种景象，都不会平静。如此宏伟壮观的气象变化，却没有一点声响，看起来不像自然现象，倒像一种魔幻。在阴森可怖的地方观看这种景象，不会赏心悦目，只能产生一种哀戚的效果。

结果如何呢？大地惴惴不安。谁能战胜，谁能压倒这些活跃的光？南极北极都提出了这个问题。

到了夜晚十一点钟，这是关键时刻。搏斗渐渐和谐，光也斗够了，彼此沟通了，和解并相爱了。所有光一起荣升，变成壮美的扇形、火焰的穹顶，宛若给一桩神婚戴的花冠。

电，赤道的生命，另一颗灵魂，掺进了北半球的王后——磁，大地的灵魂，两颗灵魂相拥抱，合成同一颗灵魂。

助读交流

1. 这篇文章写了哪些极地特有的风光？极地给你留下了怎样的印象？

2. 磁场在这里仿佛是失控的精灵，你知道磁场在这里的反应是怎样的吗？作者采用哪些手法来写清楚这个极地特有的景象？

冰山奇观[①]

位梦华

站在罗斯海的冰面上向大陆望去,沿大陆边缘分布着一些大大小小的黑色山丘,这就是冰川沉积。原来,流动着的冰川就像一台巨大的推土机,沿途将所有能够搜刮到的东西都收集起来,席卷而去,堆积到大陆的边缘,形成了一些连绵起伏的丘陵,仿佛为这块白色的大陆镶上了一圈黑色的花边。在这一带漫步,我们常可看到在一些巨大的沙丘中埋藏着冰川的遗骨,往里面望去,黑洞洞的,像一块块巨大的半透明的碧玉,神秘莫测、深不见底,这使你会突发奇想,以为在那里面也许隐藏着一个童话的世界。

在入海处,常有大大小小的冰块垮落下来,形成无数的冰山,奇形怪状,漂浮而去。南极的冰山大多是平板状的,其边长从几十米到几百千米不等。在当时,所记录到的最大冰山,长达

[①] 选自《南极历险·极地求生科学家探险典藏书系》,位梦华著,清华大学出版社,2022年版。选文有删减。

一百八十千米，远远望去就像一个海岛。在过去，漂浮在海上的冰山给航海造成了严重威胁，引发了不少像"泰坦尼克"号那样的海上悲剧。但是现在，有了先进的导航设备，它们就不再那么可怕了。而且，有人还在计划将这些冰山拖到世界上干旱的地区，为人类造福。

助读交流

1. 南极特有的景观——冰山，你知道它是怎样移动的吗？

2. 冰山的危害是什么？查找资料，了解人类如何规避此类悲剧的产生。

看日出日落

歌唱呀，赞美呀，这是东方之复活，这是光明的胜利……

——徐志摩

导 读

太阳，与我们的生活关联紧密，万物生长靠太阳，人类的衣食住行也离不开太阳。你有认真观察过太阳吗？春天的太阳温暖、明媚，夏天的太阳热辣、耀眼，秋天的太阳带有烘烤的暖意，冬日的太阳显得弥足珍贵。

坐船看落日余晖，温馨浪漫，站在泰山之巅看日出，乘船在海上看日出，感觉也不一样，清晨的太阳与暮霭中的霞光带给人的视觉体验各有千秋。观察角度不一样，由此牵引出的个人思考和感受也会不一样。

细读这一组文章，它们为我们观察太阳提供了不同的视角，带领我们重新认识看似习以为常的太阳。读完后，你会发现人们认识熟悉事物的方法不同，认识的结果也会有所区别。

泰山日出[1]

徐志摩

我们在泰山顶上看出太阳。航过海的人，看太阳从地平线下爬上来，本不是奇事；而且我个人是曾饱饫过江海与印度洋无比的日彩的。但在高山顶上看日出，尤其在泰山顶上，我们无餍的好奇心，当然盼望一种特异的境界，与平原或海上不同的。果然，我们初起时，天还暗沉沉的，西方是一片的铁青，东方些微有些白意，宇宙只是——如用旧词形容——一体莽莽苍苍的。但这是我一面感觉劲烈的晓寒，一面睡眼不曾十分醒豁时约略的印象。等到留心回览时，我不由得大声地狂叫——因为眼前只是一个见所未见的境界。原来昨夜整夜暴风的工程，却砌成一片普遍的云海。除了日观峰与我们所在的玉皇顶以外，东西南北只是平铺着弥漫的云气。在朝旭未露前，宛似无量数厚毳长绒的绵羊，交颈接背地眠着，卷耳与弯角都依稀辨认得出。那时候在这茫茫的云

---

[1] 选自《徐志摩散文集》，徐志摩著，黑龙江美术出版社，2018年版。

海中，我独自站在雾霭溟濛的小岛上，发生了奇异的幻想——

我躯体无限地长大，脚下的山峦比例我的身量，只是一块拳石；这巨人披着散发，长发在风里像一面黑色的大旗，飒飒地在飘荡。这巨人竖立在大地的顶尖上，仰面向着东方，平拓着一双长臂，在盼望，在迎接，在催促，在默默地叫唤；在崇拜，在祈祷，在流泪——在流久慕未见而将见悲喜交互地热泪……

这泪不是空流的，这默祷不是不生显应的。

巨人的手，指向着东方——

东方有的，在展露的，是什么？

东方有的是瑰丽荣华的色彩，东方有的是伟大普照的光明——出现了，到了，在这里了……

玫瑰汁，葡萄浆，紫荆液，玛瑙精，霜枫叶——大量的染工，在层累的云底工作，无数蜿蜒的鱼龙，爬进了苍白色的云堆。

一方的异彩，揭去了满天的睡意，唤醒了四隅的明霞——

光明的神驹，在热奋地驰骋。

云海也活了；眠熟了兽形的涛澜，又回复了伟大的呼啸，昂头摇尾地向着我们朝露染青馒形的小岛冲洗，激起了四岸的水沫浪花，震荡着这生命的浮礁，似在报告光明与欢欣之临在……

再看东方——海句力士已经扫荡了他的阻碍，雀屏似的金霞，从无垠的肩上产生，展开在大地的边沿。起……起……用力，用力，纯焰的圆颅，一探再探地跃出了地平，翻登了云背，临照在天空……

歌唱呀，赞美呀，这是东方之复活，这是光明的胜利……散发祷祝的巨人,他的身彩横亘在无边的云海上,已经渐渐地消翳在普遍的欢欣里;现在他雄浑的颂美的歌声,也已在霞采变幻中,普彻了四方八隅……

听呀,这普彻的欢声;看呀,这普照的光明!

助读交流

1. 文中哪些内容是作者真实所见,哪些是他想象的内容?

2. "玫瑰汁,葡萄浆,紫荆液,玛瑙精,霜枫叶——大量的染工,在层累的云底工作,无数蜿蜒的鱼龙,爬进了苍白色的云堆。"这句话中的颜色非常丰富,品味这些能表示颜色的短语,你发现它们之间有什么相似的地方吗?你能再写几个吗?

海上日出①

巴 金

为了看日出，我常常早起。那时天还没有大亮，周围非常清静，船上只有机器的响声。

天空还是一片浅蓝，颜色很浅。转眼间天边出现了一道红霞，慢慢地在扩大它的范围，加强它的亮光。我知道太阳要从天边升起来了，便不转眼地望着那里。

果然过了一会儿，在那个地方出现了太阳的小半边脸，红是真红，却没有亮光。这个太阳好像负着重荷似的一步一步、慢慢地努力上升，到了最后，终于冲破了云霞，完全跳出了海面，颜色红得非常可爱。一刹那间，这个深红的圆东西，忽然发出了夺目的亮光，射得人眼睛发痛，它旁边的云片也突然有了光彩。

有时太阳走进了云堆中，它的光线却从云里射下来，直射到水面上。这时候要分辨出哪里是水，哪里是天，倒也不容易，因为

---

① 选自《巴金精品散文集》，巴金著，郑州大学出版社，2018年版。

我就只看见一片灿烂的亮光。

有时天边有黑云，而且云片很厚，太阳出来，人眼还看不见。然而太阳在黑云里放射的光芒，透过黑云的重围，替黑云镶了一道发光的金边。后来太阳才慢慢地冲出重围，出现在天空，甚至把黑云也染成了紫色或者红色。这时候发亮的不仅是太阳、云和海水，连我自己也成了明亮的了。

这不是很伟大的奇观么？

助读交流

1. 日出时，太阳的颜色有什么变化？

2. 读一读文中描写太阳透过乌云时的段落，和下面的文字比一比，说说它们有什么相同点和不同点。

我仰起头来，看天空正顶着几朵乌云，呆痴痴的，沉闷闷的，可真煞风景。

但是，正在我埋怨它们时，那落日也正忙着把它的光辉染在它们的身上，只见它们的边缘渐渐地都被黄金镶起来了，渐渐地，它们的中间也被黄金染透了。正在这时候，海洋上刮来的风越刮越起劲了，这乌云，经不住这海风猛力地吹，一下子风流云散，像拉絮似的散在澄蓝的，像海一样的天空里了。风流云散处，几颗明亮的星子闪烁着初显光辉……（林遐《珠江落日》）

珠江落日[1]

林 遐

那天，我独自一人从一条小路攀上了紫日峰的最高处。我去的时候，正是落日迅速往下沉落的时候。像是怕赶不上什么隆重的典礼一样，我急忙忙地往上攀登，而且攀登一会儿就一回头，生怕在这攀登的当儿，落日沉落珠江，晚霞失掉光彩。

还好，待我攀到峰顶，回过头去看西天那轮圆日时，它正放射着万道光芒，悬在明镜也似的珠江上空。这时候，这江和天的涯际，这影影绰绰的广州上空，正列着无限远的一条一条泛白色的云彩，它们无限远地伸张着。但是，就在这一瞬间，云彩就变成金黄的了。近落日处，那金黄是被火烧一样的；远处，是深色的；再远处，是淡色的。这时候，在那影影绰绰的地方，我仿佛看见一串一串绿珍珠似的灯亮着了，那雾气中的绿色，和着这深淡相间的黄金色，只有用绚烂、灿然、光彩这样一类的字眼才能形容它的

---

[1] 选自《寻找语文之美》，鹭江出版社，2017年版。

万一。

我仰起头来，看天空正顶着几朵乌云，呆痴痴的，沉闷闷的，可真煞风景。

但是，正在我埋怨它们时，那落日也正忙着把它的光辉染在它们的身上，只见它们的边缘渐渐地都被黄金镶起来了，渐渐地，它们的中间也被黄金染透了。正在这时候，海洋上刮来的风越刮越起劲了，这乌云，经不住这海风猛力地吹，一下子风流云散，像拉絮似的散在澄蓝的，像海一样的天空里了。风流云散处，几颗明亮的星子闪烁着初显光辉……

这时候，珠江的水涌起了微微波澜，在它那贮满黄金的怀里，带帆的和不带帆的渔船，往来奔波，你分不清它们是刚出发还是渔罢归航。从花尾渡顺流而下，在一片澄黄的天地中，渡船的周身都亮起了银白的灯光，乍望去像是遗失在江里的一条闪闪发光的项链。江上，从花尾渡飘起悠扬的音乐，它顺风飘扬，从东而西，从下而上，顿然间响彻满江，满岸，满峰，满天地。

一个不留神，落日栽到了江水深处。它一落，那黄金就马上变成嫣红了。那江和天的涯涂满了嫣红；那影影绰绰的广州市罩满了嫣红；那刚才扯成了扯絮的乌云也变成了嫣红。这时候，所有的树木，所有的原野，所有的江水，帆樯，人物，都像轻纱似的被笼在嫣红里了。

助读交流

  1. 作者攀上紫日峰的最高处,看到落日,这一路他是怎样观察的?从文中找一找能体现观察视角的词。

  2. 作者笔下的云彩多变,读一读相关句子,再用笔画出这幅独特的风景吧!

暮 霭[①]

[德] 赫尔曼·黑塞　　窦维仪 译

　　昨晚，雨季后第一个晴朗又潮湿的好天气，云简直疯狂了！起初，长条状的云层仍服帖地高挂在空中。渐渐地，清爽的风让它们翻滚纠缠在一起，慢慢变成静止的长筒状卷云。当一切暂告一段落，在天空尚未被鲜明、冷冽的蓝绿色清朗夜空征服之前，云朵依然维持着这种状态，整个天空依然上演着细长与膨胀之间的变化，云朵仿佛是一种兀自缓缓缠绕、徐徐胀大变粗的巨蛇。我才将目光转移了一会儿，刹那间，整个天空变得清朗无云，所有的云都变得缥缈，簇拥在地平线上，其上是金色和白色，中间则呈蓝色；所有的云都被拉长，形状就像太空船或鲸鱼；所有的云看起来都很立体，它们紧紧地挨挤在一起，但轮廓鲜明。

　　就在这时候，宝石般的山峰渐渐褪去了最后一抹玫瑰嫣红和

[①] 选自《堤契诺之歌：散文、诗与画》，赫尔曼·黑塞著，窦维仪译，上海译文出版社，2011年版。选文有删减。

金黄色，大地消失在黑暗中，只有夕阳余晖还暂时流连在天空中。云层变成了一艘飞船，尽管吹来了一阵强风，飞船似乎一点也不为所动，反而厚实地、坚定地停驻在山脊上；船头迎着风，冷凝的云色中渗入了些许的红及铜黄。你得好好地守着云、好好地注视着云，才不会在下一分钟就认不出它来；即使此刻的它笨重凝结，似乎静止不动，但云所幻化的形状不停地辗转反侧、游移不定。云朵假惺惺地戏耍着黄昏，玩着捣蛋的把戏，就像顽童趴在学校的围墙上向老师脱帽问安，等老师一转身，他们立刻跑掉，只留下他们咻咻的笑声在篱笆后回荡着。

　　这会儿，一道长条状的云浮游于其他云朵之上，乍看之下，它仿佛金属般动也不动，在绿色的天空中，兀自闪烁着玫瑰色的光芒。突然间，云被照得通红——那种明亮耀眼的朱砂红——同时幻化成一条曼妙的游鱼，那是一条金光闪闪的大金鱼，身上有着蓝色的鳍，快乐、欢喜地迎向消散。在璀璨的辉光里，薄暮即将告别，金鱼也将无法幸存，无法多留片刻。它的尾巴开始变成褐色，颜色愈来愈深，它的肚子也开始转为蓝色，不久，它上半身的边缘闪着明亮的朱砂红和金色。很快地，鱼尾巴缩了起来，鱼头膨胀，鱼身变得圆滚滚的，当金鱼渐渐消失，身上的金光也随之渐渐褪去时，它蜷成一团球，从圆球之中吹送出两道灰色的云霓，仿佛吹出的是它的灵魂似的；它吹着、吹着，最后散了开来，并在愈来愈淡的暮霭中，消失得无影无踪。

一九二六年

助读交流

1. 文中提到"云简直疯狂了！"，请根据时间提示词，展开想象，说说云在天空中变化的样子。

2. 细读下面这句话，关注加点的字，说说在观察时，我们需要什么样的观察品质？

你得好好地守着云、好好地注视着云，才不会在下一分钟就认不出它来；即使此刻的它笨重凝结，似乎静止不动，但云所幻化的形状不停地辗转反侧、游移不定。

江行的晨暮[1]

朱 湘

美在任何的地方，即使是古老的城外，一个轮船码头的上面。

等船，在划子上，在暮秋夜里九点钟的时候，有一点冷的风。天与江，都暗了；不过，仔细地看去，江水还浮着黄色。中间所横着的一条深黑，那是江的南岸。

在众星的点缀里，长庚星闪耀得像一盏较远的电灯。一条水银色的光带晃动在江水之上。看得见一盏红色的渔灯。

岸上的房屋是一排黑的轮廓。

一条趸船[2]在四五丈以外的地点。模糊的电灯，平时令人不快的，在这时候，在这条趸船上，反而，不仅是悦目，简直是美了。在它的光围下面，聚集着有一些人形的轮廓。不过，并听不见人声，像这条划子上这样。

忽然间，在前面江心里，有一些黝黯的帆船顺流而下，没有声

---

[1] 选自《徒步旅行者（朱湘集）》，朱湘著，辽宁人民出版社，2017年版。
[2] 趸（dǔn）船是无动力装置的矩形平底船，通常固定在岸边。

音，像一些巨大的鸟。

一个商埠旁边的清晨。

太阳升上了有二十度；覆碗的月亮与地平线还有四十度的距离。几大片鳞云粘在浅碧的天空里；看来，云好像是在太阳的后面，并且远了不少。

山岭披着古铜色的衣，褶痕是大有画意的。

水汽腾上有两尺多高。有几只肥大的鸥鸟，它们，在阳光之内，暂时地闪白。

月亮是在左舷的这边。

水汽腾上有一尺多高；在这边，它是时隐时显的。在船影之内，它简直是看不见了。

颜色十分清润的，是远洲上的列树，水平线上的帆船。

江水由船边的黄到中心的铁青到岸边的银灰色。有几只小轮在喷吐着煤烟：在烟囱的端际，它是黑色；在船影里，淡青，米色，苍白；在斜映着的阳光里，棕黄。

清晨时候的江行是色彩的。

助读交流

作者开篇就说"美在任何的地方"，江行的晨暮美在哪里？联系全文，说说你的发现，也可以用思维导图的形式展现。

春 日[①]

[英]威廉·科贝特　　高健 译

即使是在严冬，那些矮林灌丛看起来也是美丽的，它们是心灵的一种慰藉，使人从那里可以得到庇护与温暖。入春以后，整整两个月间，它们的色泽天天都在变化，也就是从桦树的嫩叶初次呈现到槐叶的丰满茂密这一段时期；甚至在树叶还没有完全繁盛到遮眼翳目之前，整个万绿丛中还有什么比见到灌莽之间缀满着淡黄的樱草和蓝色的吊钟更令人心悦的呢？桦木刚刚吐叶抽芽便是山鸡开始啼叫、画眉鸣啸和鸫鸟歌唱的信号；而且恰恰就在栎木的嫩芽初露微红的时候——这可以准到一天不早，整个碛䳭家族便会嘤然一片，响彻每个枝头，这时云雀也必跟着学样，把它的阵阵欢歌高高地带到天上。

---

① 选自《英国散文精选》，高健选译，上海译文出版社，2010年版。

> **助读交流**
>
> 　　春天是万物萌动的季节。短文写了哪些初春的事物？从中，你能感受到作者对乡村自然景物的感情吗？说说你的发现。

太阳的女儿①

汤素兰

树叶是太阳的女儿,这是确定无疑的。早春,和煦的阳光轻轻地敲开坚硬的树皮,把嫩芽唤醒,就像父亲在春天的早晨温柔地唤醒女儿。阳光是太阳的手指,它们给树叶换四时衣裳:春天是嫩绿的,在花的舞会上,绿色最美;夏天是青葱的,青葱的叶有强健的叶脉,供大树茂盛生长;在果实成熟的秋天,叶子是金红的,那是慈爱的太阳给女儿最美的奖赏;冬天,叶子落在大地上,阳光温暖地抚摸它们,是父亲在女儿睡觉前给予的一个温暖拥抱。

向日葵是太阳的女儿,这是无疑的了。每天清晨太阳升起的时候,她就会仰起脸来,让太阳把她的脸照亮,每天黄昏,太阳用最后的光线吻她的脸,祝福她果实饱满。

清晨,草叶尖上一滴晶莹的露珠呢?它是在昨夜的月光下凝聚而成的,是青草的呼吸、是草丛中那朵矮矮的矢车菊的芳香、

---

① 选自《奶奶星》,汤素兰著,浙江少年儿童出版社,2011年版。

是在草丛中鸣唱的金铃子的歌声和蟋蟀提琴的颤音汇合而成的。在昨夜的草地，有热闹的聚会，有深刻的思辨和讨论。青草说，它想知道那蓝色的天空究竟有些什么？花朵说，它想知道飞翔是什么滋味？金铃子和蟋蟀说，它们想沿着太阳金色的光线一直一直朝太阳走去……

　　太阳照亮了清晨草尖上这一颗晶莹的露珠，露珠反射着太阳的光线，像钻石一样闪闪发亮。在露珠每一个发光的棱面里，太阳能看见矢车菊的蓝色，闻得到青草的呼吸，听得到金铃子和蟋蟀的音乐。

助读交流

　　1. 太阳的女儿有哪些？为什么会说它们是女儿呢？
　　2. 文中有些句子写得很诗意，请你找一找，再读一读，试试自己也写一写。

冬日情怀[1]

[英]梅布尔·奥斯古德·赖特　　余霞　唐跃勤　译

　　整日都在刮风，整天都在刮着灰色的风！风横扫寒冷的天空，把大地吹得像珠宝一样晶莹剔透。风扫遍地球的每个角落，把湿气吹得烟消云散。整日都在刮风，整天都在刮着灰色的风！风将林间小道掩埋在枯黄的树叶下，甚至从倔强的山毛榉上卷走了残枝败叶，就像乌鸦从残骸上撕下了最后一块食物。

　　风在斑驳的沙滩上旋转着，掩埋了青铜色的海草、闪烁的贝壳、甲壳动物的残骸、随风飘移的柴火、涉水者的足迹。大海退潮时，浪花发出哗啦哗啦的声响。风召唤着沙芦苇：芦苇的茎秆已长得又细又长，它们用尖锐的声音回应着，时而嘶哑，时而无语。

　　风拍打在沼泽地上，黄褐色的草被吹弯了腰，风吹过后再也直不起腰来。风吹过小巷，吹过盐土草地——最后，招来了邪恶的

---

[1] 选自《自然之友：新英格兰鸟类和花卉的故事》，梅布尔·奥斯古德·赖特著，余霞、唐跃勤译，四川人民出版社，2021年版。

灵魂：毛刺金盏花的鬼魂、水杨梅的鬼魂、三叶草的鬼魂，还有鹅草的鬼魂，像是肢体不全的女巫在空中飘浮，随着你的苏醒，尖锐的爪子紧紧钩进牛皮，不断地在里面抓挠，或是坐着带翼的扫帚在高空飞行，开始了永久的旅行。灌木丛在田野的边缘慢慢燃烧着，灰色的风旋转而至，最后，熊熊大火吞灭了燃烧的灌木丛。灰色的风，忙碌了一整天。太阳落山了，夜幕降临，它这才停歇。它肆掠地驱赶着北方牧场吃草的野山羊，最后给大地的寒冬留下一片晶莹剔透的皑皑白雪。

冬日的清晨。死寂的季节会有清晨吗？这里没有死寂的季节。人们说她是夏天、秋天或冬天，但是大自然对她的行为并没有设置固定的界限，当她脱掉外套时，她并不会死亡，只是把力量汇集到自己身上，为新的努力养精蓄锐。大自然只知道两个变化，努力向前和向后撤退，在两者之间有一个恒定的转变。我们把第一个称之为新生，第二个称之为死亡，它们神秘莫测，难以捉摸。大自然给自己留下的是温柔的渐变，万物从诞生到死亡都是循序渐进，没有明显的突变，犹如棱镜的色彩，将青春岁月的结束和年迈时光的开始衔接得毫无痕迹。我们给每一件事物赋予属性，并让它们永久恒定，生生不息。没有真正死寂的季节。再厚的积雪，也总有啄木鸟在冷杉树上讲述着传奇故事。再厚的坚冰，下面也有暖流涌动。再死寂的季节，当永恒的春天到来时，爱也会让它充满生机。

夜里，落下了第一场雪，浅浅的，温柔地庇护着刚刚从雪地里冒出的芽苞，让它们免受寒冰的摧残。雪花飘落，漫天飞舞，不紧不慢。雪花从夜里轻柔地开始落下，太阳睡了个懒觉，透过云层打着哈欠，还没决定是起床呢，还是再打个盹儿，只留下它苍白的头发在云枕上散开。最后，太阳屈服了，薄雾再次包裹了它。

多么沉寂宁静！寒冷甚至锁住了声音的波动，新下的一场雪给回声都裹上了围巾。打开挂满霜花的窗户，透进来的空气带着湿漉漉的颗粒，像钻石粉末刺痛着喉咙和鼻孔。黄色的光线覆盖着雪地，不是阳光也不是来自太阳方向的光，而是一个沉重的折射光。铅灰色的天空向东逐渐变浅，大地的景色随之改变，万物都没有阴影。雪地友善安宁，积雪不深，似乎哈一口气就能融化，它就像一个魔术师，把一切都写上了快乐冬天的字样，它是寂静季节里最好的诠释者。当大自然安静下来时，它愈加显得静寂无声。

助读交流

1. 下雪以前，刮了一整天灰色的风，风吹过了哪些地方？风的威力如何？

2. 作者写"冬日情怀"，敏锐地捕捉到了大自然变化的规律。这种规律是什么？你发现了怎样的情怀？说说你的理解。

雨雪写春秋

在无边的旷野上，在凛冽的天宇下，闪闪地旋转升腾着的是雨的精魂……

——鲁迅

导 读

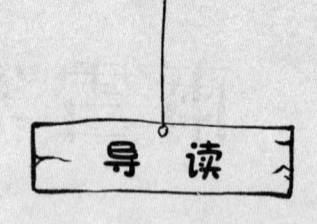

不同季节的雨，在水光中闪动着缤纷的样态。春天的雨细细的，温柔持久；夏天，雨随着一朵云的到来，以最急促的方式降落下来；秋天的雨，落在手上，打在肩头，已经有了凉意；冬天的雨，有时会夹着雪，让人分不清究竟是雨变成了雪，还是雪自己飘落下来。

每个地方的雪也不尽相同。有的地方，雪像飘着的鹅毛一样轻盈，诉说着冬的诗意和灵动；有的地方，雪如盐粉一样，肆意洒落人间，覆盖着田野和村庄。雪，也不全是美好与浪漫。

几度雨雪，几度春秋，这些自然造化的细微区别，逃脱不了作家细致入微的体察。阅读这组文章时，我们可以注意作家观察的角度、记录和表达的方式，从中获得由大自然引发的思考与偶尔闪烁的灵感妙悟……

第一滴水[①]

[俄] 普里什文　　潘安荣　译

　　对于我们这些从事物候学，观察自然现象一天天变化的人说来，春天是从光的增强开始的。这时候，民间都说熊在窝里翻身了；这时候，太阳快要转到夏天的位置上去，尽管残冬未尽，尚有酷寒之日，茨冈人还是开始卖皮袄了。

　　俄罗斯中部的正月是：灰鸦迎春欢唱，家雀争吵打架，狗焦躁发情，乌鸦初次交尾。

　　二月是：向阳屋檐上落下第一滴冰水，大青鸟纵情高歌，家雀筑巢，啄木鸟初次发出击鼓般的声音。

　　正月、二月、三月开头，这都是光的春天。在大城市里，举目望那石砌的高楼大厦之间的上头，可以分明见到空际的流冰。这时候，我在城里拼命工作，像守财奴似的，一个卢布一个卢布地积攒，等到为钱跟众人骂够了，终于能够到我挣不到钱的地方去

[①] 选自《普里什文文集·大自然的日历》，普里什文著，潘安荣译，长江文艺出版社，2005年版。

的时候，我便感到逍遥、幸福。是的，那是幸福的，因为能先在城里遇上光的初春，然后又能踏上大地，迎来水、青草、森林的春天，也许还有人的春天。

当多雪的冬天过去，光的春天蔚为奇观时，人人放眼大地，心情激动，无不想着今年春天会是什么光景——每年迎来的春天，都不像上一年，一年的春天，从不和另一年的春天全然相同。

今年光的春天留驻较久，白雪璀璨，人眼几乎无法忍受，到处都在说：

"这光景说不准一晃就要没了。"人们坐雪橇上远路时，只怕中途不得不卸掉雪橇，牵马走路。

是的，新的春天从不像旧的春天，所以生活就如此美好——心情激动，期待着今年会有什么新的景象。

我们的农民们彼此相遇时，只是说春天的事："眼看就完了。"

"说不准一晃就要没了！"

助读交流

1. 人们一般把从事物候学，观察自然现象的专业人士称为物候学家。从文中哪些地方，你可以感受出普里什文细致敏锐的观察呢？

2. 作者感受到春天时的心情是怎样的？找出相关语句读一读，体会一下。

山　雨[①]

赵丽宏

来得突然——跟着那一阵阵湿润的山风，跟着那一缕缕轻盈的云雾，雨，轻轻悄悄地来了……

先是听见它的声音，从很远的山林里传来，从很高的山坡上传来——

沙啦啦，沙啦啦……

像一曲无字的歌谣，神奇地从四面八方飘然而起，并且逐渐清晰起来，响亮起来，由远而近，由远而近……

雨声里，想起了李商隐的诗："萧洒傍回汀，依微过短亭。气凉先动竹，点细未开萍。稍促高高燕，微疏的的萤……"仿佛就是在写我此刻的感觉。雨，使这山中的每一块岩石，每一片树叶，每一丛绿草，都变成了奇妙无比的琴键，飘飘洒洒的雨丝是无数轻捷柔软的手指，弹奏出一阕又一阕优雅的、带着幻想色彩的小

[①] 选自《赵丽宏散文精选》，赵丽宏著，浙江文艺出版社，2011年版。

曲……"此曲只应天上有"啊!

雨使山林改变了颜色。在阳光下,山林的色彩层次多得几乎难以辨认,有墨绿、翠绿,有淡青、金黄,也有火一般的红色。在雨中,所有色彩都融化在水淋淋的嫩绿之中,绿得耀眼,绿得透明。这清新的绿色仿佛在雨雾中流动,流进我的眼睛,流进我的心胸……

这雨中的绿色,在画家的调色板上是很难调出来的,然而只要见过这水淋淋的绿,便很难忘却。记忆宛若一张山雨干燥的宣纸,这绿,随着丝丝缕缕的微雨,悄然在纸上化开,化开……

去得也突然——不知在什么时候,雨,悄悄地停了。风也屏住了呼吸,山中一下变得非常幽静。远处,一只不知名的鸟儿开始啼啭起来,仿佛在倾吐着雨后的欢悦。近处,凝聚在树叶上的雨珠继续往下滴着,滴落在路畔的小水洼中,发出异常清脆的音响——

叮——咚——叮——咚……

仿佛是一场山雨的余韵。

助读交流

1. 寂静的山林传来雨声，作者由此展开联想。当思绪拉回现实，展现在我们眼前的山雨，有怎样的特色？借助下面的框架，说说你的发现。

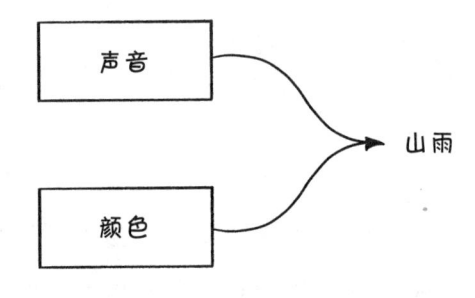

```
声音 ┐
    ├──→ 山雨
颜色 ┘
```

2. 一场山雨后，山林发生了哪些改变？不妨用画笔描绘一下这幅"山雨图"。

下大雨[1]

汪曾祺

雨真大。下得屋顶上起了烟。大雨点落在天井的积水里砸出一个一个丁字泡。我用两手捂着耳朵，又放开，听雨声：呜——哇；呜——哇。下大雨，我常这样听雨玩。

雨打得荷花缸里的荷叶东倒西歪。

在紫薇花上采蜜的大黑蜂钻进了它的家。它的家是在椽子上用嘴咬出来的圆洞，很深。大黑蜂是一个"人"过的。

紫薇花湿透了，然而并不被雨打得七零八落。

麻雀躲在檐下，歪着小脑袋。

蜻蜓倒吊在树叶的背面。

哈，你还在呀！一只乌龟。这只乌龟是我养的。我在龟甲边上钻了一个小洞，用麻绳系住了它，拴在柜橱脚上。有一天，不见了。它不知怎么跑出去了。原来它藏在老墙下面一块断砖的洞里。

---

[1] 选自《汪曾祺散文精选（全7册）》，汪曾祺著，山东画报出版社，2018年版。

下大雨，它出来了。它昂起脑袋看雨，慢慢地爬到天井的水里。

原载一九九八年第一期《收获》

助读交流

雨真大啊！作者写了哪些雨中的景和物？从中你感受到怎样的生活情趣？

星星般的初雪[1]

[俄]普里什文 潘安荣 译

昨天晚上没来由地飘下几片雪花，仿佛是从星星上飘下来的。它们落在地上，被电灯一照，也像星星一般闪亮。到早晨，那雪花变得非常娇柔：轻轻一吹，便不见了。但是要看兔子的新足印，也满够了。我们一去，便轰起了兔子。

今天来到莫斯科，一眼发现马路上也有星星一般的初雪，而且也是那样轻，麻雀落在上面，一会儿飞起的时候，它的翅膀上便飘下一大堆星星来。而马路上不见了那些星星以后，便露出一块黑斑，老远可以看见。

---

[1] 选自《普里什文文集·林中水滴》，普里什文著，潘安荣译，长江文艺出版社，2005年版。

> **助读交流**
>
> 1. 很多诗人、作家喜欢用星星做比喻,星星给人一种怎样的感觉?
>
> 2. 读完这篇短文,你认为星星般的初雪是怎样的雪?这初雪与星星之间有什么相似之处?

雪　夜[1]

[法] 莫泊桑　　斯章梅　译

　　黄昏时分，纷纷扬扬地下了一天的雪终于渐下渐止，沉沉夜幕下的大千世界，仿佛凝固了，一切生命都悄悄进入了睡乡，或近或远的山谷、平川、树林、村落……在雪光映照下，银装素裹，分外妖娆。这雪后初霁的夜晚，万籁俱寂，了无生气。

　　蓦地，从远处传来一阵凄厉的叫声，冲破这寒夜的寂静，那叫声，如泣如诉，若怒若怨。听来令人毛骨悚然！喔，是那条被主人放逐的老狗，在前村的篱畔哀鸣：是在哀叹自己的身世，还是在控诉人类的寡情？

　　漫无涯际的旷野平畴，在白雪的覆压下蜷缩起身子，好像连挣扎一下都不情愿的样子。那遍地的萋萋芳草，匆匆来去的游蜂浪蝶，如今都藏匿得无迹可寻；只有那几棵百年老树，依旧伸展着权丫的秃枝，像是鬼影憧憧，又像那白骨森森，给雪后的夜色

---

[1] 选自《外国名家散文经典》，于文心编选，长江文艺出版社，1996年版。

平添上几分悲凉、凄清。

　　茫茫太空，默然无语地注视着下界，越发显出它的莫测高深。雪层背后，月亮露出了灰白色的脸庞，把冷冷的光洒向人间，使人更感到寒气袭人；和她做伴的，唯有寥寥的几点寒星，致使她也不免感叹这寒夜的落寞和凄冷。看，她的眼神是那样忧伤，她的步履又是那样迟缓！

　　渐渐地，月儿终于到达她行程的终点，悄然隐没在旷野的边沿，剩下的只是一片青灰色的回光在天际荡漾。少顷，又见那神秘的鱼白色开始从东方蔓延，像撒开一幅轻柔的纱幕笼罩住整个大地，寒意更浓了。枝头的积雪都已在不知不觉间凝成了水晶般的冰凌。

　　啊，美景如画的夜晚，却是小鸟们恐怖战栗、备受煎熬的时光！它们的羽毛沾湿了，小脚冻僵了；刺骨的寒风在林间往来驰突，肆虐逞威，把它们可怜的窝巢刮得左摇右晃；困倦的双眼刚刚合上，一阵阵寒冷又把它们惊醒……只得瑟瑟缩缩地颤着身子，打着寒噤，忧郁地注视着漫天皆白的原野，期待那漫漫未央的长夜早到尽头，换来一个充满希望之光的黎明。

助读交流

1. 作者写了雪夜的哪些事物?它们分别有怎样的特征?

2. 冷,仿佛是冬天的代名词,但本文所写的冷似乎还透露着一些复杂的情感。请你找出这些有意味的语句,尝试体会一下作者的感情。

雪[①]

鲁 迅

　　暖国的雨，向来没有变过冰冷的坚硬的灿烂的雪花。博识的人们觉得他单调，他自己也以为不幸否耶？江南的雪，可是滋润美艳之至了；那是还在隐约着的青春的消息，是极壮健的处子的皮肤。雪野中有血红的宝珠山茶，白中隐青的单瓣梅花，深黄的磬口的蜡梅花；雪下面还有冷绿的杂草。蝴蝶确乎没有；蜜蜂是否来采山茶花和梅花的蜜，我可记不真切了。但我的眼前仿佛看见冬花开在雪野中，有许多蜜蜂们忙碌地飞着，也听得他们嗡嗡地闹着。

　　孩子们呵着冻得通红，像紫芽姜一般的小手，七八个一齐来塑雪罗汉。因为不成功，谁的父亲也来帮忙了。罗汉就塑得比孩子们高得多，虽然不过是上小下大的一堆，终于分不清是壶卢还是罗汉，然而很洁白，很明艳，以自身的滋润相粘结，整个地闪闪

[①] 选自《野草》，鲁迅著，商务印书馆，2022年版。

地生光。孩子们用龙眼核给他做眼珠，又从谁的母亲的脂粉奁中偷得胭脂来涂在嘴唇上。这回确是一个大阿罗汉了。他也就目光灼灼地嘴唇通红地坐在雪地里。

第二天还有几个孩子来访问他；对了他拍手，点头，嘻笑。但他终于独自坐着了。晴天又来消释他的皮肤，寒夜又使他结一层冰，化作不透明的水晶模样，连续的晴天又使他成为不知道算什么，而嘴上的胭脂也褪尽了。

但是，朔方的雪花在纷飞之后，却永远如粉，如沙，他们决不粘连，撒在屋上，地上，枯草上，就是这样。屋上的雪是早已就有消化了的，因为屋里居人的火的温热。别的，在晴天之下，旋风忽来，便蓬勃地奋飞，在日光中灿灿地生光，如包藏火焰的大雾，旋转而且升腾，弥漫太空，使太空旋转而且升腾地闪烁。

在无边的旷野上，在凛冽的天宇下，闪闪地旋转升腾着的是雨的精魂……

是的，那是孤独的雪，是死掉的雨，是雨的精魂。

一九二五年一月十八日

助读交流

1. 暖国的雪与朔方的雪有什么不一样？

2. 作者对这两个地方的印象分别是怎样的？找出让你印象深刻的句子读一读，再查阅相关资料，联系时代背景，你感受到作者复杂的感情了吗？

太阳和彩虹为什么不会在一起？[1]

张辰亮

了解了彩虹形成的原因，你就知道答案了。

彩虹的出现有一条规律：它出现在太阳的反日点。什么是反日点？将你的胳膊平伸成180°，并保持这个角度，调整身体，将一只手的指尖对准太阳，这时，你的另一只手的指尖正对的就是反日点。反日点的位置随着太阳的位置而变化，太阳的位置越高，反日点的位置就越低。

因此，如果我们想看见彩虹的话，太阳位置不能太高，否则，彩虹就太低了。所以中午我们是见不到彩虹的。太阳位置越低，彩虹的弧度就越大。

太阳和彩虹为什么不会在一起？

为什么呢？我们可以像刚才一样把两手平伸，假如，现在你左

---

[1] 选自《小亮老师的博物课：叹为观止的自然现象》，张辰亮著，天地出版社，2021年版。

手边是太阳，把左手抬高，也就是太阳的位置升高，为了保持右手和左手成180°，你必须把右手放低才行，也就是太阳越高，彩虹露出地面的部分就越小。如果你把左手往下放，那右手就要相应地抬高，也就是太阳越低彩虹越高。

其实城市里也有很低的彩虹，但是我们看不见，因为它太低了，很容易被树和楼房挡住，只有在草原、海边等平坦开阔、完全没有遮挡的地方才可能看到那种非常低的、露出地面一点点的彩虹，这种彩虹叫低虹。

助读交流

1. 彩虹出现的规律是什么？

2. 试着借助这篇短文的信息，在日常生活中，留心彩虹出现的位置吧！

为什么彩虹总是出现在雨后呢?[1]

张辰亮

太阳的光线是沿着直线射出去的,下过雨之后,空气中飘浮着很多小水滴。阳光穿透这些水滴,在水滴里会先折射一次,然后在水滴的背面反射,最后离开水滴时再折射一次,相当于拐了三个弯,太阳光会被打散,分成好多颜色。本来阳光穿透水滴之前基本是白色的,但是在水滴里拐了三个弯之后,它就会被分成很多颜色,然后太阳光再射出来,就看到了彩虹的颜色。

彩虹有几种颜色呢?很多人会脱口而出:七种——红橙黄绿青蓝紫。可如果你学了物理学,老师会告诉你,这个说法是不对的,应该是"红橙黄绿蓝靛紫",这是现在比较权威的说法。

但是,彩虹并不是只有七种颜色。彩虹的颜色其实没有具体数量,因为它是一个连续分布的颜色带。比如红色和橙色之间有

---

[1] 选自《小亮老师的博物课:叹为观止的自然现象》,张辰亮著,天地出版社,2021年版。

很多过渡色，它们之间并没有一条明确的线，规定线这边全是红色，另一边全是橙色。

那么，是谁规定的彩虹有这七种颜色呢？是牛顿！牛顿为什么把彩虹分成七种颜色呢？其实，他是受到了古希腊著名的科学家毕达哥拉斯的影响，毕达哥拉斯认为"七"代表完美，所以牛顿就把彩虹的颜色分成了七种，但是你要知道，彩虹并不是只有七种颜色。

助读交流

1. 彩虹的颜色是怎样形成的？

2. 为什么人们会说彩虹的颜色是七种？由此，你对某些"科学说法"有哪些新的认识？

风云悸动后

一股子清新的、熟悉的、久违的气息，钻进鼻孔，并一下子钻进你的心里。

——冯骥才

导读

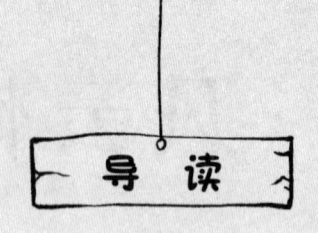

春天的到来，是从什么时候开始的？某天，当你站在旷野中，风柔柔的，吹在脸上凉丝丝，却没有冬天的冰冷，这就是春天到来的信号了。

不管是夏日的黎明，还是美洲的冬夜；不管是风过耳的多重感受，还是云变幻的丰富层次，这些都离不开观察者敏锐的观察力和精准的语言表达力。

阅读本组文章，你可以选择其中的一个重点段落，采用文中作者涉及的观察点和思路，试着观察和记录一下自己生活中相同的自然现象，再作对比，看看你有哪些新发现。你还可以边读边做一些简单的笔记，在助读问题的牵引下，迈向更深入的阅读。

春天最初是闻到的[1]

冯骥才

一年一度此时此刻，我都会站在料峭的寒气里，期待着春的到来。

因为我知道，若要"知春"可不能等到"隔岸观柳"，不能等到远远河边的柳林已经泛出绿意，或是那变松变软变得湿漉漉的土地已经钻出草芽——那可就晚了。春的到来远比这些景象的出现早得多，一直早到冬天犹存的天地里。你把冻得发红的鼻子伸进挺凉，甚至挺冷的空气里，忽然，一股子清新的、熟悉的、久违的气息，钻进鼻孔，并一下子钻进你的心里。它让你忽然感到天地要为之一新了，你立即意识到春天来了！

可是，当你伸着鼻子着意一吸，想再闻一闻这神奇的气味时，它又骤然消失，仿佛一闪即逝。你环顾四周，仍是一派冬之凋敝，

---

[1] 选自《万物生灵：冯骥才给孩子的散文》，冯骥才著，四川文艺出版社，2019年版。

地冻天寒。然而，不知什么地方什么时候，这气味忽又出现。就像初恋之初，你所感受到的那种幸福的似是而非。当你感到"非"时便陷入一片空茫，在你感到"是"时则怦然心动。原来，春天最初是在飘忽不定之中，若隐若现、似有若无。它不是一种形态，而是一种气味，一种气息——一种苏醒的大地生命散发出的气息。

这时，你去留心一下。鸟雀们的叫声里是否多了一点兴奋与光亮？那些攀附在被太阳晒暖的墙壁上的藤条，看上去依旧干枯，你用指甲抠一下它黑褐色的外皮，会发现这茎皮下边竟是鲜嫩鲜嫩的绿。春天不声不响地埋伏在万物之中。这天地表面依旧如同冬天里那样冷寂而肃穆。但春是一种生命。凡是生命都是不可遏止的。生命的本质是生。谁能阻遏生的力量？冬天没有一次关住过春天，也永远不会关住春天。所以在它出现之前，已经急不可待地把它的气息精灵一般地散发出来，透露给你。所以，春天最先是闻到的。

故此，我喜欢在这个季节里，静下心来去期待春天与寻找春天，体验与享受春之初至那一刻特有的诱惑。这种诱惑是大自然生命的诱惑，也是一种改天换地更新的诱惑。

去把冻红的鼻子伸进这寒冷的空气中吧。

助读交流

  1. 作者说"春天最初是闻到的",他是如何"闻"出来的?

  2. 除了敏锐的"嗅觉",作者还调动了哪些感官去体会春天?试着在你的观察日记中模仿这样的写法。

春 风[1]

老 舍

  济南与青岛是多么不相同的地方呢！一个设若比作穿肥袖马褂的老先生，那个便应当是摩登的少女，可是这两处不无相似之点。拿气候说吧，济南的夏天可以热死人，而青岛是有名的避暑所在；冬天，济南也比青岛冷。但是，两地的春秋颇有点相同。济南到春天多风，青岛也是这样；济南的秋天是长而晴美，青岛亦然。

  对于秋天，我不知应爱哪里的：济南的秋是在山上，青岛的是在海边。济南是抱在小山里的；到了秋天，小山上的草色在黄绿之间，松是绿的，别的树叶差不多都是红与黄的。就是那没树木的山上，也增多了颜色——日影、草色、石层，三者能配合出种种的条纹，种种的景色。配上那光暖的蓝空，我觉到一种舒适安全，只想在山坡上似睡非睡地躺着，躺到永远。青岛的山——虽然怪秀

---

[1] 选自《老舍精品散文集》，老舍著，郑州大学出版社，2018年版。

美——不能与海相抗，秋海的波还是春样的绿，可是被清凉的蓝空给开拓出老远，平日看不见的小岛清楚地点在帆外。这远到天边的绿水使我不愿思想而不得不思想；一种无目的的思虑，要思虑而心中反倒空虚了些。济南的秋给我安全之感，青岛的秋引起我甜美的悲哀。我不知应当爱哪个。

两地的春可都被风给吹毁了。所谓春风，似乎应当温柔，轻吻着柳枝，微微吹皱了水面，偷偷地传送花香，同情地轻轻掀起禽鸟的羽毛。济南与青岛的春风都太粗猛。济南的风每每在丁香海棠开花的时候把天刮黄，什么也看不见，连花都埋在黄暗中，青岛的风少一些沙土，可是狡猾，在已很暖的时节忽然来一阵或一天的冷风，把一切都送回冬天去，棉衣不敢脱，花儿不敢开，海边翻着愁浪。

两地的风都有时候整天整夜地刮。春夜的微风送来雁叫，使人似乎多些希望。整夜的大风，门响窗户动，使人不英雄地把头埋在被子里；即使无害，也似乎不应该如此。对于我，特别觉得难堪。我生在北方，听惯了风，可也最怕风。听是听惯了，因为听惯才知道那个难受劲儿。它老使我坐卧不安，心中游游摸摸的，干什么不好，不干什么也不好。它常常打断我的希望：听见风响，我懒得出门，觉得寒冷，心中渺茫。春天仿佛应当有生气，应当有花草，这样的野风几乎是不可原谅的！我倒不是个弱不禁风的人，虽然身体不很足壮。我能受苦，只是受不住风。别种的苦处，多少是在一个地方，多少有个原因，多少可以设法减除，对风是干没办法。总不在一个地方，到处随时使我的脑子晃动，像怒海上的船。它使我说不出为什么苦痛,而且没法子避免。它自由地刮,我死受着苦。我不能和风去讲理或吵架。单单在春天刮这样的风!可是跟谁讲理去呢?苏杭的春天应当没有这不得人心的风吧?我不准知道,而希望如此。好有个地方去"避风"呀!

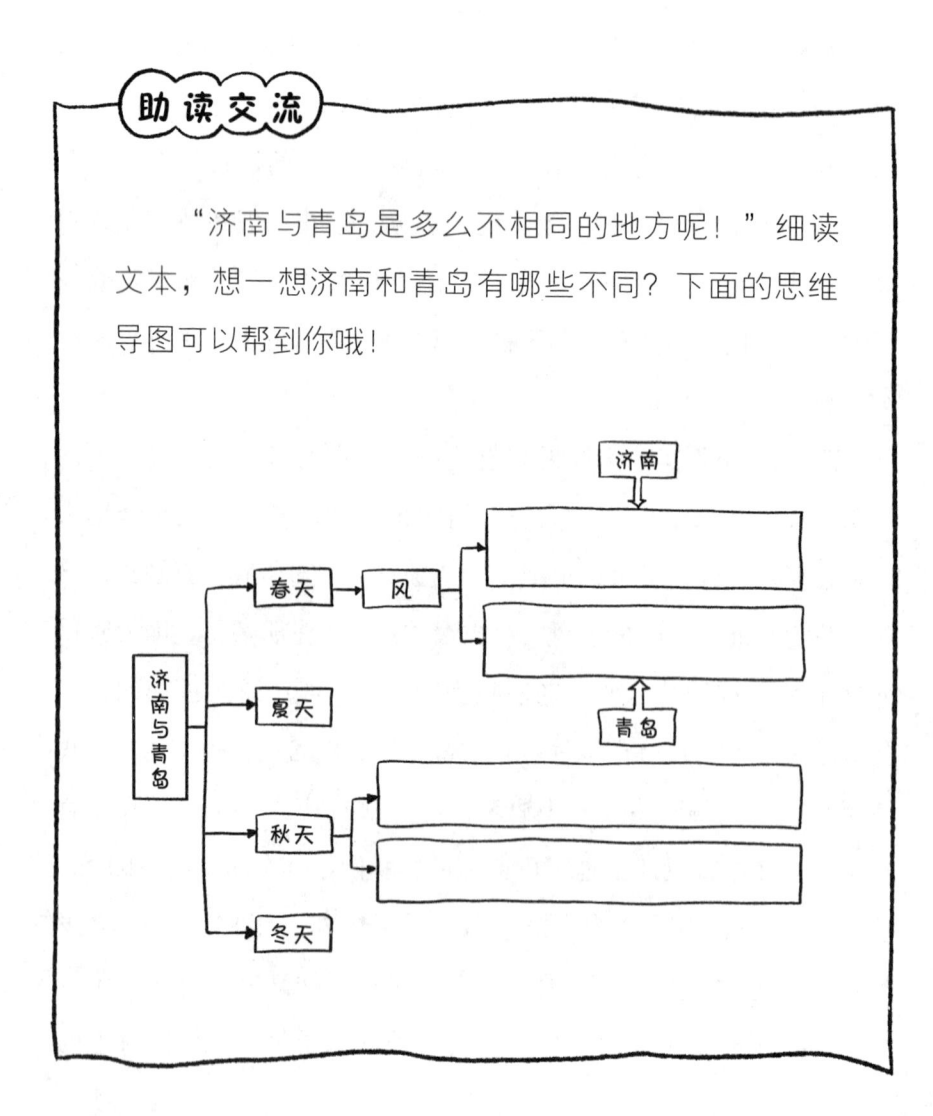

助读交流

"济南与青岛是多么不相同的地方呢!"细读文本,想一想济南和青岛有哪些不同?下面的思维导图可以帮到你哦!

```
                          ┌─→ 济南
         ┌─ 春天 → 风 ─┤
         │                └─
济南    ─┼─ 夏天
与青岛  │                    ↑
         ├─ 秋天 ─┬─      青岛
         │         └─
         └─ 冬天
```

观　风[1]

［英］罗杰·阿斯克姆　　杨自伍　译

　　观风，一个人要用眼睛来看，那是不可能的，因为风的属性如此虚无而又缥缈；不过有一回我却得到这种亲身体验，那是四年前大雪飘落的时分。我骑马经过洼地上段通向市镇桥的大路，这条路过去是徒步旅行的人走出来的。两旁的田野一望无际，积雪盈尺；前一天夜间凝结起薄薄的霜冻，所以地面的积雪变硬结冰了。早晨阳光普照，灿烂明媚，朔风在空中呼啸，一年到了这个季候，已是凛冽侵骨了。马蹄阵阵踏过，大路上的积雪就松散开来，于是风吹雪飘，席卷而起，一片片滑落在田野里，彻夜霜寒地冻，田野也变硬结冰了，因此那一天风雪飞舞，我才有可能把风的属性看得清清楚楚。而且我怀着十分喜悦快乐的心情把它铭记在心，如今我更是记忆犹新。时而风吹过去不到咫尺之遥，极目远眺，可以看见风吹雪花所到之处；时而雪花一次就飘过半边田野。有

---

[1]　选自《英国经典散文》，杨自伍主编，上海文艺出版社，2004年版。

时雪花柔缓泻落，不一会儿便会激扬飘舞，令人目不暇接。而此时的情景我也有所感知，风过如缕，而非弥漫天地。原来我竟看到离我二十来步的一股寒风迎面袭来，然后相距四十来步的雪花没有动静。但是，地面积雪越来越多之后，又有一缕雪花，就在同一时刻，同样地席卷而起，不过疏密相间。一缕雪花静止不动，另一缕则疾飞而过，时而越来越快，时而越来越慢，时而渐渐变大，时而渐渐变小，纵目望去尽入眼帘。飞雪不是劈面而来，而是忽而曲曲弯弯，忽而散漫交错，忽而团团旋转。有时积雪吹向空中，地面一无所遗，不过片刻又会笼盖大地，仿佛根本没有起风一般，旋即雪花又会飘扬飞舞。

令人叹为观止的是，两股飘然而来的雪花一起飞扬，一股由西向东，一股北来东去。借着飘雪，我看见两股风流，交叉重叠，就像是在两条大路上似的。再一次，我竟听见空气中风声吹过，地面一切毫无动静。当我骑到万籁俱寂之处，离我相隔不远的地方积雪竟是无比奇妙地向风披靡。这番体验使我更为赞叹风的属性，而不只是使我对风的知识有所了解；不过我也由此懂得了风中的人们打猎时失去距离不足为奇，因为风向变幻不定，视线便转向四面八方。

助读交流

1. 作者说风是不可能用眼睛来看的，但是后面又说亲眼看到了风的属性，他是怎么发现的？请你用自己的话描述一下。

2. 文中有很多写冬天的词语："积雪盈尺、凛冽侵骨、霜寒地冻、风雪飞舞"，你是通过哪些方法理解这些词语的意思的？你还能写几个相似的词语吗？

这么小的风[1]

鲍尔吉·原野

最小的小风俯在水面，柳树的倒影被蒙上了马赛克，像电视上的匿名人士。亭子、桑树和小叶柞的倒影都有横纹，不让你看清楚。而远看湖面如镜，移着白云。天下竟有这么小的风，脸上无风感（脸皮薄厚因人而异），柳枝也不摆。看百年柳树的深沟粗壑，想不出还能发出柔嫩的新枝。人老了，身上哪样东西是新鲜的？手足面庞、毛发爪牙，都旧了。

在湖面的马赛克边上，一团团鲜红深浅游动，红鲤鱼。一帮孩子把馒头搓成球儿，放鱼钩上钓鱼。一条鱼张嘴含馒头，吐出，再含，不肯咬钩。孩子们笑，跺脚，恨不能自己上去咬钩。

此地亭多，或许某一届的领导读过《醉翁亭记》，染了亭子癖。这里的山、湖心岛、大门口，稍多的土积之成丘之地，必有一亭。木制的、水泥的、铁管焊的亭翘起四个角，像裙子被人同时撩

---

[1] 选自《向日葵的影子》，鲍尔吉·原野著，浙江少年儿童出版社，2019年版。

起来。一个小亭子四角飞檐之上,又有三层四角,亭子尖是东正教式的洋葱头,设计人爱亭之深,不可自拔。最不凡的亭,是在日本炮楼顶上修的,飞檐招展,红绿相间,像老汉脖上骑一个扭秧歌的村姑。

干枯的落叶被雨浇得卷曲了,如一层褐色的波浪。一种不知名的草,触须缠在树枝上。春天,这株草张开枣大的荚,草籽带着一个个降落伞被风吹走。伞的须发洁白晶莹,如蚕丝,比蒲公英更漂亮。植物们,各有各的巧劲儿。深沟的水假装冻着,已经酥了,看得清水底的草。我想找石头砸冰,听一下"噗"或"扑通",竟找不到。出林子见一红砖甬道,两米宽。道旁栽的雪松长得太快,把道封住了,过不去人。不知是松还是铺甬道的人,总之有一方幽默。打这儿往外走,有一条小柏油路,牌子上书:干道。更宽的大道没牌子。

看惯了亭子,恍然想起这里有十几座仿古建筑,青砖飞檐,使后来的修亭人不得不修亭,檐到处飞。

我想在树林里找到一棵对早春无动于衷的树,那是杨树。杨树没有春天的表情,白而青的外皮皴裂黑斑,它不飘舞枝条,也不准备开花。野花开了,蝴蝶慢吞吞地飞,才是春天,杨树觉得春天还没到。杨树腰杆太直,假如低头看一下,也能发现青草。青草于地,如我头上的白发,忽东忽西,还没连成片。杨树把枝杈举向天空,仿佛去年霜降的那天被冻住了,至今没缓过来。

鸟儿在鹰不落的上空飞,众多的树,俯瞰俱是它的领地。落在哪一棵上好呢?梨树疏朗透光,仪态也优雅,但隐蔽性差;柏树里面太挤了，虽然适合调情；小叶柞树的叶子还不叶，桑树也未桑。小鸟飞着，见西天金红，急忙找一棵树歇息。天暗了，没看清这是一棵什么树。

助读交流

体会下列句子的表达技巧，你从中感受到作者的语言风格是怎样的？

（1）最小的小风俯在水面，柳树的倒影被蒙上了马赛克，像电视上的匿名人士。

（2）天下竟有这么小的风，脸上无风感（脸皮薄厚因人而异），柳枝也不摆。

（3）一条鱼张嘴含馒头，吐出，再含，不肯咬钩。孩子们笑，跺脚，恨不能自己上去咬钩。

（4）一个小亭子四角飞檐之上，又有三层四角，亭子尖是东正教式的洋葱头，设计人爱亭之深，不可自拔。

寒风吹彻①

刘亮程

那个冬天我十四岁，赶着牛车去沙漠里拉柴火。那时一村人都是靠长在沙漠里的一种叫梭梭的灌木取暖过冬。因为不断砍挖，有柴火的地方越来越远，往往要用一天半夜时间才能拉回一车柴火，每次去拉柴火，都是母亲半夜起来做好饭，装好水和馍馍，然后叫醒我。有时父亲也会起来帮我套好车。我对寒冷的认识是从那个夜晚开始的。

牛车一走出村子，寒冷便从四面八方拥围而来，把你从家里带出的那点温暖搜刮得一干二净，让你浑身上下只剩下寒冷。

那个夜晚并不比其他夜晚更冷。

只是我一个人赶着牛车进沙漠。以往牛车一出村，就会听到远远近近的雪路上其他牛车的走动声，赶车人隐约的吆喝声。只要紧赶一阵路，便会追上一辆或好几辆去拉柴的牛车，一长串，

---

① 选自《一个人的村庄》，刘亮程著，译林出版社，2022年版。选文有删减。

缓行在铅灰色的冬夜里。那种夜晚天再冷也不觉得。因为寒风在吹好几个人，同村的、邻村的、认识和不认识的好几驾牛车在这条夜路上抵挡着寒冷。

而这次，一野的寒风吹着我一个人。似乎寒冷把其他一切都收拾掉了。现在全部地对付我。

我披着羊皮大衣，一动不动趴在牛车里，不敢大声吆喝牛，免得让更多的寒冷发现我。从那个夜晚我懂得了隐藏温暖——在凛冽的寒风中，身体中那点温暖正一步步退守到一个隐秘的连我自己都难以找到的深远处——我把这点隐深的温暖节俭地用于此后多年的爱情和生活。我的亲人们说我是个很冷的人，不是的，我把仅有的温暖全给了你们。

许多年后有一股寒风，从我自以为火热温暖的从未被寒冷浸入的内心深处阵阵袭来时，我才发现穿再厚的棉衣也没用了。生命本身有一个冬天，它已经来临。

天亮时，牛车终于到达有柴火的地方。我的一条腿却被冻僵了，失去了感觉。我试探着用另一条腿跳下车，拄着一根柴火棒活动了一阵，又点了一堆火烤了一会儿，勉强可以行走了，腿上的一块骨头却生疼起来，是我从未体验过的一种疼，像一根根针刺在骨头上又狠命往骨髓里钻——这种痛感一直延续到以后所有的冬天以及夏季里阴冷的日子。

太阳落地时，我装着半车柴火回到家里，父亲一见就问我：怎么拉了这点柴，不够两天烧的。我没吭声。也没向家里说腿冻坏的事。

我想很快会暖和过来。

助读交流

1. 作者说："我对寒冷的认识是从那个夜晚开始的。"那个夜晚是怎样的寒冷？请找出文中的句子读一读，感受一下。

2. 阅读一篇文章，为了获得更好的理解，有时候需要对写作背景有所了解。读下面一段话，搜集刘亮程的相关信息，体会他所说的"一股寒风"指的是什么？

许多年后有一股寒风，从我自以为火热温暖的从未被寒冷浸入的内心深处阵阵袭来时，我才发现穿再厚的棉衣也没用了。生命本身有一个冬天，它已经来临。

黎 明[1]

〔法〕兰 波　　陈中林　译

我拥抱过夏日的黎明。

宫殿的额头上依然鸦雀无声。水是死寂的。团聚的影子没有离开树林的大道。我走过去，唤醒活泼、温馨的清晨的呼吸，琼石闪动着晶莹目光，翅翼无声地起飞。

第一桩事：在充满清新、熹微光亮的小径上，一朵花告诉了我它的名字。

我向着金黄的飞瀑笑着，她披散着头发飘过松林，在银光闪烁的梢头，我认出了女神。

于是，我揭开她层层纱幔，在小路上，挥动着臂膊。在平原上，我把她显示给公鸡。在大城市，她在钟楼和穹顶间逃跑，我像个乞丐，在大理石的堤岸上追逐着。

---

[1] 选自《自然的欢沁：经典文学选集》，克里斯汀娜·哈德曼特编，译林出版社，2021年版。

在大路高处，桂树林附近，我用她层层的纱披绕住她，微微感到她的阔大躯体。黎明和孩子倒落在树林低处。

醒来的时候，已是正午。

助读交流

1. 开头提到"我拥抱过夏日的黎明"，当"我"投身大自然的时候，它回馈给"我"的是什么？请你找出"我"拥抱黎明的句子，感受文字中蕴藏着的情感。

2. 体会下面句子中加点内容的意象，说说它们分别指什么。

团聚的影子没有离开树林的大道。我走过去，唤醒活泼、温馨的清晨的呼吸，琼石闪动着晶莹目光，翅翼无声地起飞。

美洲之夜[①]

[法]弗朗梭瓦·勒内·德·夏多布里昂　　程依荣　译

一天傍晚，我在离尼亚加拉瀑布不远的森林中迷了路；转瞬间，太阳在我周围熄灭，我欣赏了新大陆荒原美丽的夜景。

日落后一小时，月亮在对面天空出现。夜空皇后从东方带来的馥郁的微风好像她清新的气息率先来到林中。孤独的星辰冉冉升起：她时而宁静地继续她蔚蓝的驰骋，时而在好像皑皑白雪笼罩山巅的云彩上憩息。云彩揭开或戴上它们的面纱，蔓延开去成为洁白的烟雾，散落成一团团轻盈的泡沫，或者在天空形成絮状的耀眼的长滩，看上去是那么轻盈、那么柔软和富于弹性，仿佛可以触摸似的。

地上的情景也同样令人陶醉：天鹅绒般的淡蓝的月光照进树林，把一束束光芒投射到最深的黑暗之中。我脚下流淌的小河有时消失在树木间，有时重新出现，河水辉映着夜空的群星。对岸

[①] 选自《法兰西散文精选》，程依荣译，河南文艺出版社，2017年版。

是一片草原，草原上沉睡着如洗的月光；几棵稀疏的白桦在微风中摇曳，在这纹丝不动的光海里形成几处飘浮的影子的岛屿。如果没有树叶的坠落、乍起的阵风、灰林鸮的哀鸣，周围本来是一个万籁俱寂的世界；远处不时传来尼亚加拉瀑布低沉的咆哮，那咆哮声在寂静的夜空越过重重荒原，最后湮灭在遥远的森林之中。

  这幅图画的宏伟和令人惊悸的凄清是人类语言所不能表达的；与此相比，欧洲最美的夜景毫无共同之点。试图在耕耘过的田野上扩展我们的想象是徒劳的，它不能超越四面的村庄，但在这蛮荒的原野，我们的灵魂乐于进入林海的深处，在瀑布深渊的上空翱翔，在湖畔和河边沉思，并且可以说独自站立在上帝面前。

助读交流

1. 作者在离尼亚加拉瀑布不远的森林中迷了路，却欣赏到了新大陆荒原美丽的夜景。一路上他遇到了哪些景观呢？找一找，读一读，体会他是怎样写清楚的。

　　天上的情景：

　　地上的情景：

2. "孤独的星辰冉冉升起：她时而宁静地继续她蔚蓝的驰骋，时而在好像皑皑白雪笼罩山巅的云彩上憩息。"为什么作者说星辰是孤独的？先说说你的阅读感受，再试着依照这样的表达方式，写一写自己的路途见闻。

云是一棵树[1]

鲍尔吉·原野

我见过喀纳斯[2]的云在山谷里站着，细长洁白，好像一棵树。我过去看到的云都横着飘，没见到它们站立不动，这回见到了。

旅游者很难形容喀纳斯的景色。喀纳斯不光有一个湖，它还有神秘的、用蒙古语名字命名的黑黑的山峰，有碧玉般的喀纳斯河，有秀美的白桦树和松树。我喜欢把白桦树和松树放在一起说。在喀纳斯，白桦树和松树常常会长在一起。白桦树像水仙花那样一起长出几株来，树身比白杨树更白，带着醒目的黑斑节。松树比白桦树个头矮但更壮实，一副男人的体魄。松树尖尖的树顶表示它们在古代就有英雄的门第。它们长在一起，让人想到爱情，好像白桦树更爱松树一些，它嫩黄的小叶子在风里哗哗抖动，像摇一个西班牙铃鼓，看上去让人晕眩。喀纳斯松树的树干，色

---

[1] 选自《鲍尔吉·原野散文少年读本：云是一棵树》，鲍尔吉·原野著，浙江少年儿童出版社，2022年版。
[2] 喀纳斯位于新疆维吾尔自治区阿勒泰地区。

泽近于红，是小伙子的胳膊被烈日晒红了的那种红，而不是酱牛肉的红。松树如果有眼睛的话——这只是我的想象——该是多么明亮，深沉与毫不苟且的眼睛，一眼看出十里远。

喀纳斯的云比我更了解这一切。它每天见到黄绒的大尾羊从木板房边上跑过去，看到明晃晃的油菜花的背后是明晃晃的雪山，雪山背后的天空蓝得让人睁不开眼睛，眼睛成了两只紧闭的蚌壳。云的职责是在山间横行，使雪山不那么晃眼。它在白桦树和松树间逛荡，好像拉上一道浴室的门帘。云从山顶一个跟头栽到地面却毫发无损，然后站在山谷。我在喀纳斯看见山崖突然冒出一朵云，好像云"砰"的一下爆炸了，但我没听到声音。我看到白云蹲在灰云前面，像照合影时请女士蹲下一样。白云在灰云的衬托下如蚕丝一般缠绵，我明白我在新疆为什么没见到白羊却见到了黄羊，因为云太白，羊群不愿意再白了。

喀纳斯的云可以扮演羊群和棉花糖，可以扮演山谷里的白树。喀纳斯河急急忙忙地流入布尔津河与额尔齐斯河，云在山的脚下奔流。它们尽量做出浪花的样子，虽然不像，但意思到了，可以了。云不明白，它不像一条河的原因并不是造不出浪花，而是缺少"哗哗"的水声，也缺少鱼。这些话用不着喀纳斯的云听到，它觉得自己像一条河就让它这么去想吧。

我写这篇短文是更愿意写下布尔津、额尔齐斯、喀纳斯这些蒙古语的地名，听起来多么亲切。这些名字还有伊犁、奎屯、乌鲁木齐以及青海的德令哈，它们都是蒙古语。听上去好像马蹄从河边的青草踏过，奶茶淹没了木碗的花纹。蒙古语好像云彩飘在天山的牧场上，代表着大大小小的河流和山脉，更为尊贵的名字是博格达峰，群山之宗。蒙古语适合歌唱、适合恋爱、适合为干净的河山命名。这些地名用维吾尔语、哈萨克语、塔塔尔语说出来好像是一个动人的故事的开头。它们是云，飘在巴旦木花瓣和沙枣花的香气里。

喀纳斯的云飘到河边喝水。喝完水，它们躺在草地上等待太阳出来，变成了我们所说的轻纱般的白雾。在秋天的早上，云朵在树林里奔跑，树枝留下了云的香气。夏季夜晚，白云的衣服过于耀眼，它们纷纷披上了黑斗篷。

喀纳斯的云得到了松树和白桦树的灵气，它们变成了云精，在山坡上站立、卧倒、打滚和睡觉。去过喀纳斯的人会看到，云朵不仅在天上，还在地下。人们走过青冈树林，见到远处横一条雾气荡漾的河流，走近才发现它们是云。喀纳斯的云朵摸过沙枣花，摸过巴旦木杏和核桃，它们身上带着香气并把香气留在了河谷里。早上，河谷吹来似花似果的香味，那正是云的味，可以长时间地留在你的脖子和衣服上。

喀纳斯的云会唱歌。这听起来奇怪，其实一点不怪。早上和晚上，天边会传来"唑——"或者"哦——"的声音，如合唱的和声。学过音乐的人会发现这些声音来自山谷和树梢的云。它们边游荡、边歌唱。在喀纳斯，万物不会唱歌将受到大自然的嘲笑。

助读交流

  1. 找出写喀纳斯的白桦树和松树的内容，品味这些语句，想想作者为什么喜欢把"白桦树和松树放在一起说"？

  2. 在作者的笔下，喀纳斯的云是怎样的？找出文中的句子，说一说你喜欢这样的表达吗？

  3. 作者提到哪些蒙古语的地名？在他的心中，蒙古语给人什么感觉？

严冬[1]

萧 红

严冬一封锁了大地的时候,则大地满地裂着口。从南到北,从东到西,几尺长的,一丈长的,还有好几丈长的,它们毫无方向地,便随时随地,只要严冬一到,大地就裂开口了。严寒把大地冻裂了。年老的人,一进屋用扫帚扫着胡子上的冰溜,一面说:"今天好冷啊!地冻裂了。"

赶车的车夫,顶着三星,绕着大鞭子走了六七十里,天刚一蒙亮,进了大车店,第一句话就向客栈掌柜的说:"好厉害的天啊!小刀子一样。"等进了栈房,摘下狗皮帽子来,抽一袋烟之后,伸手去拿热馒头的时候,那伸出来的手在手背上有无数的裂口。人的手被冻裂了。

卖豆腐的人清早起来沿着人家去叫卖,偶一不慎,就把盛豆腐的方木盘贴在地上拿不起来了,冻在地上了。卖馒头的老头,

---

[1] 选自《呼兰河传》,萧红著,江西人民出版社,2019年版。

背着木箱子，里边装着热馒头，太阳一出来，就在街上叫唤。他刚一从家里出来的时候，他走得快，他喊的声音也大。可是过不了一会，他的脚上挂了掌子了，在脚心上好像踏着一个鸡蛋似的，圆滚滚的。原来冰雪封满了他的脚底了。

他走起来十分不得力，若不是十分加着小心，他就要跌倒了。就是这样，也还是跌倒的。跌倒了是不很好的，把馒头箱子跌翻了，馒头从箱底一个一个地滚了出来。旁边若有人看见，趁着这机会，趁着老头子倒下一时还爬不起来的时候，就拾了几个一边吃着就走了。等老头子挣扎起来，连馒头带冰雪一起拣到箱子去，一数，不对数。他明白了。他向着那走不太远的吃他馒头的人说："好冷的天，地皮冻裂了，吞了我的馒头了。"

行路人听了这话都笑了。他背起箱子来再往前走，那脚下的冰溜，似乎是越结越高，使他越走越困难，于是背上出了汗，眼睛上了霜，胡子上的冰溜越挂越多，而且因为呼吸的关系，把破皮帽子的帽耳朵和帽前遮都挂了霜了。这老头越走越慢，担心受怕，颤颤惊惊，好像初次穿上滑冰鞋，被朋友推上了溜冰场似的。小狗冻得夜夜地叫唤，哽哽的，好像它的脚爪被火烧着一样。

天再冷下去：水缸被冻裂了；井被冻住了；大风雪的夜里，竟会把人家的房子封住，睡了一夜，早晨起来，一推门，竟推不开门了。大地一到了这严寒的季节，一切都变了样，天空是灰色的，好像刮了大风之后，呈着一种混沌沌的气象，而且整天飞着清雪。

人们走起路来是快的，嘴里边的呼吸，一遇到了严寒好像冒着烟似的。七匹马拉着一辆大车，在旷野上成串的一辆挨着一辆地跑，打着灯笼，甩着大鞭子，天空挂着三星。跑了两里路之后，马就冒汗了。再跑下去，这一批人马在冰天雪地里边竟热气腾腾的了。一直到太阳出来，进了栈房，那些马才停止了出汗。

但是一停止了出汗，马毛立刻就上了霜。人和马吃饱了之后，他们再跑。这寒带的地方，人家很少，不像南方，走了一村，不远又来了一村，过了一镇，不远又来了一镇。这里是什么也看不见，远望出去是一片白。从这一村到那一村，根本是看不见的。只有凭了认路的人的记忆才知道是走向了什么方向。

助读交流

1. 萧红笔下的冷，让人读起来有怎样的感觉？请你从文中找一找能体现寒冷的句子？

2. 第四段中，老人说了句："好冷的天，地皮冻裂了，吞了我的馒头了。"你读出这句话的深意了吗？

寻美觅风景

日月之行,若出其中;星汉灿烂,若出其里。

——曹操

导 读

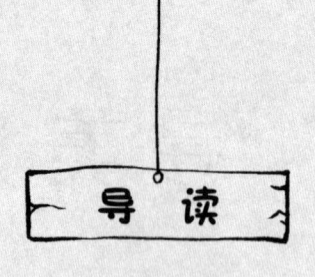

  站在碣石之上,观沧海之壮阔,曹操用豪迈的笔触,写出沧海之水浩浩荡荡,日月星河出没其间,动中有静的美。讴歌自然,对自然充满爱是从古至今人类不变的话题。

  阅读本组文章,你不妨准备一本工具书,辅助阅读文言文,了解大意,再把这些在脑海中想象出来的画面用文字表述出来;你也可以画一幅画,勾勒几笔,借此呈现你的理解。

  阅读诗歌时,要注意将诗歌中每一种事物、现象与诗人想要表达的意思连接起来。有的时候,诗人表面写某种事物,实际上是想借助这种事物表达某种特殊的思想或情感。

  寻觅自然,边走边看,欣赏山川河流,感受自然的气息,再用文字记录下来,自然之美也会凝结在你的笔下。

星 星[1]

[芬兰]伊迪丝·索德格朗　　石默　译

当夜色降临

我站在台阶上倾听；

星星蜂拥在花园里

而我站在黑暗中。

听，一颗星星落地作响！

你别赤脚在这草地上散步，

我的花园到处是星星的碎片。

---

[1] 选自《中外儿童诗精选》，小舟选编，浙江文艺出版社，1990年版。

助读交流

1. 大声朗读这首诗，感受诗歌中的感情和充满童真的乐趣。

2. 许多诗歌里提到的事物往往会反映诗人的情绪和感受，这首诗也不例外。请思考："星星""花园""黑暗"分别流露出诗人怎样的心情？

半圆月①

〔西班牙〕费德里科·加西亚·洛尔迦　叶君健　译

月亮在水上行走。
天空是多么澄静！
河上古老的涟漪，
慢慢地织起皱纹。
这时一根年幼的树枝，
以为月亮就是一面小镜。

---

① 选自《中外儿童诗精选》，小舟选编，浙江文艺出版社，1990年版。

助读交流

1. 想象诗歌描绘的画面,"河上古老的涟漪/慢慢地织起皱纹"。为什么说涟漪是"古老"的?为什么皱纹是"织起"来的?

2. "这时一根年幼的树枝/以为月亮就是一面小镜。"这句诗让你联想到了什么?不妨跟小伙伴交流一下。

谁见过风[1]

[英]克里斯蒂娜·罗塞蒂　　马丽　译

谁也没有见过风,
无论是你,
无论是我。
当树叶沙沙作响,
那是风在吹拂。

谁也没有见过风,
无论是你,
无论是我。
当树向你频频点头,
那是风在吹过。

---

[1] 选自《中外儿童诗精选》,小舟选编,浙江文艺出版社,1990年版。

助读交流

1. 想一想，诗里写的是哪种风？结合诗句说说你的依据是什么。
2. 你能模仿诗句的样式，再续写一小节吗？

贪吃的月光[1]

王立春

贪吃的月光

馋嘴的月光

看见沙漠吃沙漠

看见草原吃草原

连绵起伏的山峦

被他一点一点吃掉

（也不嫌山上的树扎嘴）

大片大片的池塘

都被他吸溜进嘴里

（嘴角还挂着几条闪光的鱼）

---

[1] 选自《草梦》，王立春著，安徽少年儿童出版社，2017年版。

天要亮了

天要亮了

月光把整个黑夜一口

吞了下去

助读交流

1. 想象"大片大片的池塘/都被他吸溜进嘴里/（嘴角还挂着几条闪光的鱼）"描写的画面，这里"几条闪光的鱼"指什么？

2. 诗人为什么说月光是"贪吃的"？你有过观察月亮的经历吗？试着模仿诗人，写一写你的观察记录。

雾

［美］卡尔·桑德堡　　邹仲之　译

雾来了

踮着猫的碎步。

它的屁股老老实实

坐着俯瞰

港口和城市,

然后接着走。

---

① 选自《桑德堡诗选》,卡尔·桑德堡著,邹仲之译,上海译文出版社,2018年版。

助读交流

1. "雾来了",它是怎样来的?

2. 试着模仿这首诗,写一写你观察到的某种天气现象。

观沧海[1]

【东汉】曹　操

东临碣石，以观沧海。
水何澹澹，山岛竦峙。
树木丛生，百草丰茂。
秋风萧瑟，洪波涌起。
日月之行，若出其中；
星汉灿烂，若出其里。
幸甚至哉，歌以咏志。

---

[1]　选自《汉魏六朝诗鉴赏辞典（新一版）》，书中本篇名为《步出夏门行（观沧海）》，上海辞书出版社文学鉴赏辞典编纂中心编，上海辞书出版社，2016年版。

助读交流

1. 诗人笔下的沧海是怎样的?请用自己的话说一说。

2. 试着选择一处诗歌描写的画面,借助你的理解和想象,动笔画一画。

答谢中书书[1]

【南朝】陶弘景

　　山川之美，古来共谈。高峰入云，清流见底。两岸石壁，五色交辉。青林翠竹，四时俱备。晓雾将歇，猿鸟乱鸣；夕日欲颓，沉鳞竞跃。实是欲界之仙都。自康乐以来，未复有能与其奇者。

---

[1] 选自《古文鉴赏辞典（新一版）》，上海辞书出版社文学鉴赏辞典编纂中心编，上海辞书出版社，2014年版。

助读交流

1. 作者的观察角度变换极多，请你仿照示例，梳理一下。

事物	视角/切入点
高峰	仰望
清流	
两岸石壁	
晓雾	
猿鸟	
夕日	
沉鳞	

2. "山川之美，古来共谈。"全篇寥寥几十字，你读出了哪些山川之美？

水经注·三峡[1]

【北朝】郦道元

自三峡七百里中,两岸连山,略无阙处。重岩叠嶂,隐天蔽日,自非亭午夜分,不见曦月。

至于夏水襄陵,沿溯阻绝。或王命急宣,有时朝发白帝,暮到江陵,其间千二百里,虽乘奔御风,不以疾也。

春冬之时,则素湍绿潭,回清倒影,绝巘多生怪柏,悬泉瀑布,飞漱其间,清荣峻茂,良多趣味。

每至晴初霜旦,林寒涧肃,常有高猿长啸,属引凄异,空谷传响,哀转久绝。故渔者歌曰:"巴东三峡巫峡长,猿鸣三声泪沾裳。"

---

[1] 选自《古文鉴赏辞典(新一版)》,上海辞书出版社文学鉴赏辞典编纂中心编,上海辞书出版社,2014年版。

助读交流

1.“自三峡七百里中,两岸连山,略无阙处。重岩叠嶂,隐天蔽日,自非亭午夜分,不见曦月。”想象文中描写的三峡风景,用自己的话说一说。

2.夏天、春冬之时的三峡分别是怎样的?你更喜欢哪个季节的三峡呢?有机会的话也可以亲身游历一下。

小石城山记[1]

【唐】柳宗元

　　自西山道口径北,逾黄茅岭而下,有二道:其一西出,寻之无所得;其一少北而东,不过四十丈,土断而川分,有积石横当其垠。其上为睥睨、梁欐之形,其旁出堡坞,有若门焉。窥之正黑,投以小石,洞然有水声,其响之激越,良久乃已。环之可上,望甚远,无土壤而生嘉树美箭,益奇而坚,其疏数偃仰,类智者所施设也。

　　噫!吾疑造物者之有无久矣。及是,愈以为诚有。又怪其不为之中州,而列是夷狄,更千百年不得一售其伎,是固劳而无用。神者傥不宜如是,则其果无乎?或曰:"以慰夫贤而辱于此者。"或曰:"其气之灵,不为伟人,而独为是物,故楚之南少人而多石。"是二者,余未信之。

---

[1] 选自《柳宗元诗文鉴赏辞典》,上海辞书出版社文学鉴赏辞典编纂中心编,上海辞书出版社,2014年版。

助读交流

1. 你能根据文中的语句,画出石山的方位吗?

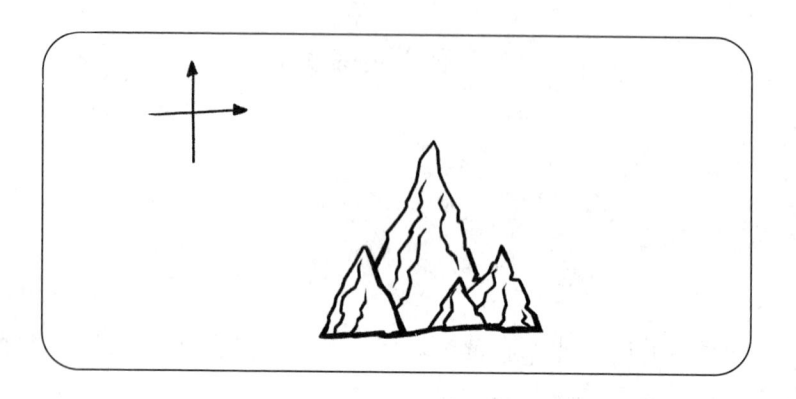

2. 作者写道:"又怪其不为之中州,而列是夷狄,更千百年不得一售其伎,是固劳而无用。"小石城山在这荒野之中,没有被人看到,真的就没有用吗?事物有用或无用,是以"是否被人看到"为标准的吗?说说你的理解。

你写过自然笔记吗？

　　自然笔记就是用文字，辅以绘画、摄影等多种形式，记录在大自然中的所见所闻所感，花开花谢，潮起潮落，或是与一只蜘蛛、一条小狗的相遇……可以是偶然所得的单篇笔记，也可以是不同时间，甚至是不同心境下对同一株植物、同一个动物或自然现象的连续观察笔记。

　　写自然笔记时，可以记录观察的时间、地点和天气情况，重点描写观察的对象，也可以写写它所处的环境，适当插入与之相关的回忆、故事、古诗词等，别忘了写出自己的真实感受，遇到不懂的地方，还可以查资料，适当补充一些科普小知识。

自然笔记一:"定点型"自然观察

有的时候,我们的观察目标非常明确。譬如我想到山顶观察日出,我想到海边看日落,我想去江边赏江潮……这时候,我们可以做"定点型"自然观察笔记。

★第一步:确定你想观察什么地方的自然现象

自然现象有很多种,比如身处高海拔地区,我们可以观察奇形怪状的云;比如来到江流涌动的岸边,我们可以观察起伏不定的潮水……

在出发前,查一查该地点的背景资料,比如最近的新闻报道、达人的旅行日记、作家的文章、古诗词等材料,做到"心中有数"。

★第二步:准备好记录的工具和材料

工具:笔、记录表、橡皮、直尺(卷尺)、放大镜(望远镜)、手机(照相机)、手表、指南针、温度计、湿度计

★ **第三步：列出自然笔记提纲**

★ **第四步：佳作共欣赏**

开头：位梦华《冰山奇观》

　　站在罗斯海的冰面上向大陆望去，沿大陆边缘分布着一些大大小小的黑色山丘，这就是冰川沉积。原来，流动着的冰川就像一台巨大的推土机，沿途将所有能够搜刮到的东西都收集起来，席卷而去，堆积到大陆的边缘，形成了一些连绵起伏的丘陵，仿佛为这块白色的大陆镶上了一圈黑色的花边。在这一带漫步，我们常可看到在一些巨大的沙丘中埋藏着冰川的遗骨，往里面望去，黑洞洞的，像一块块巨大的半透明的碧玉，神秘莫测、深不见底，这使你会突发奇想，以为在那里面也许隐藏着一个童话的世界。

结尾：冰心《山中杂感》

陡绝的岩上，树根盘结里，只有我俯视一切。——无限的宇宙里，人和物质的山，水，远村，云树，又如何比得起？然而人的思想可以超越到太空里去，它们却永远只在地面上。

你学会了吗？行动起来，走进大自然，将自己观察到的景物，学着用这种方法写一写吧！

自然笔记二："对比型"自然观察

中国地大物博，同一时间，南方正在莺歌燕舞，北方或许还飘着雪花。即便是同样下着雨，地域的差别也非常大。做自然现象的观察研究，我们可以将两处地点放在一起作对比。

那么，该怎么做"对比型"自然观察笔记呢？

★ 第一步：确定你想对比的对象

自然现象那么多，我们首先要确定自己想拿什么对比。

自然现象 对比点	风云雨雪	日月星辰	山川河流	……
相同点				
不同点				

★ **第二步：选定你想对比的地区（有一定差异）**

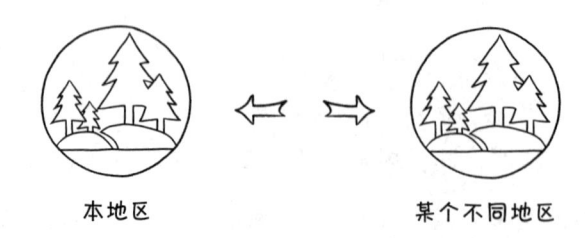

本地区　　　　　某个不同地区

★ **第三步：列出你的自然笔记提纲**

★ 第四步：佳作共欣赏

开头：鲁迅《雪》

　　暖国的雨，向来没有变过冰冷的坚硬的灿烂的雪花。博识的人们觉得他单调，他自己也以为不幸否耶？江南的雪，可是滋润美艳之至了；那是还在隐约着的青春的消息，是极壮健的处子的皮肤。

表达方式：肖复兴《双瀑记》

　　同为这一方山水里的瀑布，如果说德天瀑布充满阳刚之气，这里的七叠彩瀑则显得美人缥缈，一枝梨花春带雨。德天瀑布吹奏着的是一支铜管乐，沙屯叠瀑演奏的是一首抒情诗。

　　你学会了吗？让我们行动起来，走进大自然，将自己观察到的景物，用这种方法写下来吧！

本书部分文字作品稿酬已经向中国文字著作权协会提存，敬请相关著作权人联系领取。

收转分配部电话：010-65978917

传真：010-65978926

公共邮箱：wenzhuxie@126.com